Wilhelm Reuter

Lessings Erziehung des Menschengeschlechts

Darlegung des Gehaltes und des Zweckes. Erörterung und Prüfung im Lichte der

heiligen Schrift und der Geschichte

Wilhelm Reuter

Lessings Erziehung des Menschengeschlechts
Darlegung des Gehaltes und des Zweckes. Erörterung und Prüfung im Lichte der heiligen Schrift und der Geschichte

ISBN/EAN: 9783743439290

Hergestellt in Europa, USA, Kanada, Australien, Japan

Cover: Foto ©Lupo / pixelio.de

Manufactured and distributed by brebook publishing software (www.brebook.com)

Wilhelm Reuter

Lessings Erziehung des Menschengeschlechts

Lessings

Erziehung des Menschengeschlechts.

Darlegung des Gehaltes und des Zweckes;

Erörterung und Prüfung

im Lichte der heiligen Schrift und der Geschichte.

Von

W. Reuter,
Rector a. D. in Aurich.

Leipzig.
J. C. Hinrichs'sche Buchhandlung.
1881.

Vorwort.

Das vorliegende Schriftchen ist entstanden aus den Bemerkungen, welche zum Behufe des deutschen Unterrichtes in der Prima des hiesigen Gymnasiums ich mir aufgeschrieben hatte. Auf verschiedene Veranlassungen wurde das Niedergeschriebene nach und nach mit Citaten versehen und bekam allmählich einen gelehrten Anstrich; dabei war jedoch keineswegs die Veröffentlichung dieser Arbeit ins Auge gefaßt. Aber ein mir nahe stehender Gelehrter, der die Arbeit zu sehen Gelegenheit hatte, rieth mir so dringend und wiederholt zu deren Herausgabe, daß ich mich endlich dazu entschloß. Dies die Genesis meiner kleinen Schrift.

Nun noch ein paar Worte über deren Zweck. Obgleich letzterer aus der Schrift selbst leicht ersehen werden kann, so will ich denselben hier doch mit Wenigem bestimmt bezeichnen. Es sollen nach meinem Wunsche sich aus den Erörterungen und Prüfungen des Lessingischen Aufsatzes: „Die Erziehung des Menschengeschlechts" schließlich ergeben:

1. Daß die Auffassung und Beurtheilung der Erscheinungen in der Natur und in der Geschichte wesentlich durch die Vorstellung bedingt sind, die wir von Gott haben, daß aber diese Vorstellung oder dieser Begriff nicht das Resultat der Speculation sein könne, daß vielmehr alle Speculation schon eine Vorstellung oder wenigstens Ahnung von dem Absoluten d. i. von Gott voraussetze, und daß als Vorbereitung, um zu dem wahren Gottesbegriffe zu gelangen, nothwendig ein stetiges Achten auf die Aussagen des Gewissens erfordert werde.

2. Daß die subjective Basis der Erkenntniß Gottes das reine Herz ist, dieses aber allein in der Heilsoffenbarung errungen werden könne; daß demnach nur allein im Christenthum der wahre Gottesbegriff gewonnen werden könne, von welchem

geleitet, wir im Stande seien, die Ereignisse in der Natur und Geschichte nach und nach so aufzufassen, wie sie wirklich sind, die Heilsthatsachen in ihrem Zusammenhange immer tiefer zu erforschen, und die providentielle Führung des Menschengeschlechts mehr und mehr — nachsinnend — zu verstehen. (Wenn das reine Herz von einer so entschiedenen Bedeutung ist, wie eben gesagt, so folgt, daß Der, welcher das Herz einzunehmen die Kraft hat, ebendeßwegen zugleich das Princip der wahren Wissenschaft ist.) Und

3. Daß alle Ungeschichtlichkeiten, welche in Lessing's „Erziehung des Menschengeschlechts" nachgewiesen worden sind, in seinem unbiblischen Gottesbegriffe ihren letzten Grund haben; und daß in demselben Begriffe auch der tiefste Grund liegt, warum das Ziel der Erziehung, wie er es sich denkt, weder bei dem Einzelnen noch bei dem Ganzen erreichbar ist; daß dagegen die Wahrheitsmomente, welche in seinem Aufsatze nicht zu verkennen sind, aus seinem von dem Christenthume berührten und ihm zugewandten Gemüthe stammen, aber erst im Lichte der Heiligen Schrift recht gewürdigt und verwerthet werden können.

Aurich, den 22. December 1880.

W. Reuter.

Darlegung des Gehaltes und des Zweckes.

I.
Vorbericht.

1. In dem Vorberichte deutet Lessing ganz im Allgemeinen und mehr in bildlicher Weise den Gehalt und Zweck der vorliegenden Schrift an, als deren bloßen **Herausgeber** er sich hier darstellt. „Der Verfasser", sagt er, „hat sich darin auf einen Hügel gestellt, von welchem er etwas mehr, als den vorgeschriebenen Weg des heutigen Tages, zu übersehen glaubt." „Er verlangt nicht, daß die Aussicht, die ihn entzückt, auch jedes Auge entzücken müsse." — „Und so, dächte ich, könnte man ihn ja wohl stehen und staunen lassen, wo er steht und staunt." — „Wenn er aus der unermeßlichen Ferne, die ein sanftes Abendroth seinem Blicke weder ganz verhüllt, noch ganz entdeckt, nun gar einen **Fingerzeig** mitbrächte, um den ich oft verlegen gewesen!" — „Ich meine diesen. — Warum wollen wir in allen positiven Religionen nicht lieber weiter nichts als den Gang erblicken, nach welchem sich der **menschliche Verstand jedes Orts** entwickeln könne, und **noch ferner entwickeln soll**, als über eine derselben entweder lächeln oder zürnen? Diesen unsern Hohn, diesen unsern Unwillen, verdient in der besten Welt nichts, und nur die Religionen sollten ihn verdienen? Gott hätte seine Hand bei allem in Spiele: nur bei unsern Irrthümern nicht?"

2. Nehmen wir zu dieser Andeutung über den Gehalt und Zweck der vorliegenden Schrift den hier noch nicht gebrauchten Ausdruck „**Erziehung**", so können wir sagen, Lessing habe sich in seiner Schrift die Aufgabe gestellt, nachzuweisen, wie Gott mittelst der **positiven Religionen** das **Menschengeschlecht** zu dem zuvorversehenen **Ziele erziehe** (§ 82).

3. Lessings Erziehung des Menschengeschlechts erschien 1780, also im Zeitalter der Aufklärung; wenn wir das beachten, so werden wir aus den angeführten Worten des Vorberichts schließen dürfen, daß er gegenüber den Aufklärern und Freidenkern, welche die positiven Religionen theils verlachten, theils verspotteten, mit seiner Schrift auch einen apologetischen Zweck verfolge. — Daß dem wirklich so ist, wird sich später zeigen.*) — Daß er selbst aber darum den Orthodoxen nicht durchaus beistimmte, lassen schon die Schlußworte der Vorrede vermuthen.

II.

Eingang. Die Offenbarung als Erziehung.

Offenbarung und Vernunft, ihr Verhältniß zu einander.

1. Die positiven Religionen gründen nach dem Glauben ihrer Bekenner sich überall auf Offenbarung, die Freidenker dagegen berufen sich immer auf die Vernunft. Im Eingange zu seiner Schrift erklärt Lessing — dem apologetischen Zwecke gemäß und zur Hebung vieler Schwierigkeiten (§ 3) — aus welchem Gesichtspunkte er die (positive) Offenbarung betrachten wolle. „Was die Erziehung bei dem einzelnen Menschen ist", sagt er, das „ist die Offenbarung bei dem ganzen Menschengeschlechte" (§ 1). Er stellt also die Offenbarung unter den Gesichtspunkt der Erziehung: sie sei die bisherige und noch fortdauernde Erziehung des Menschengeschlechts (§ 2). Wie die Erziehung dem Menschen nichts gebe, was er nicht auch aus sich selbst haben könnte, wie sie ihm das, was er aus sich selbst haben könnte, nur geschwinder und leichter gebe, also gebe auch die Offenbarung dem Menschengeschlechte nichts, worauf die menschliche Vernunft, sich selbst überlassen, nicht auch kommen würde, aber „sie gab und gibt ihm die wichtigsten dieser Dinge nur früher" (§ 4). — Wenn dem so ist, so scheint es, als ob nach Lessing auch ohne positive Offenbarung die menschliche Vernunft bloß durch

---

*) Dieser Aufsatz Lessings nämlich ist, wie wir bestimmt wissen, zunächst durch die Wolfenbüttler Fragmente eines Ungenannten veranlaßt und mit besonderer Beziehung auf das vierte Fragment geschrieben. Gelzer, Deutsch. Nationalliteratur. I. Aufl. 2. S. 271. Guhrauer, Lessings Leben u. Werke II. 2. S. 218.

sich selbst zur Erkenntniß „der wichtigsten dieser Dinge" gelangen könnte, wenn auch später. Es fragt sich daher, wie er das Verhältniß der Offenbarung und der Vernunft zu einander sich denkt. Suchen wir gleich beim Eingange der Untersuchung darüber einen vorläufigen Aufschluß in anderen Stellen derselben.

2. Erst werde — heißt es § 36 — die Vernunft durch die Offenbarung geleitet, dann aber diese durch jene erhellt; und gerade dieser wechselseitige Dienst, den Offenbarung und Vernunft einander leisten, sei dem Urheber beider am angemessensten; ohne einen solchen gegenseitigen Einfluß würde eine von beiden überflüssig sein (§ 37). — Sonach hat also die Offenbarung den Zweck, unsere Vernunft zu leiten oder zu erziehen; erzogen aber soll die Vernunft zu der Einsicht gelangen, „daß Gott auch bloße Vernunftwahrheiten unmittelbar offenbart" (§ 70), und soll fähig werden, was wir anfangs als Offenbarung anstaunten, „aus ihren andern ausgemachten Wahrheiten herleiten und mit ihnen verbinden zu lernen" (§ 72). — Diese „Ausbildung geoffenbarter Wahrheiten in Vernunftwahrheiten ist schlechterdings nothwendig, wenn dem menschlichen Geschlechte damit geholfen sein soll. Als sie geoffenbart wurden, waren sie freilich noch keine Vernunftwahrheiten, aber sie wurden geoffenbart, um es zu werden. Sie waren gleichsam das Facit, welches der Rechenmeister seinen Schülern voraussagt, damit sie sich im Rechnen einigermaßen darnach richten könnten. Wollten sich die Schüler an dem vorausgesagten Facit begnügen: so würden sie nie rechnen lernen, und die Absicht, in welcher der gute Meister ihnen bei ihrer Arbeit einen Leitfaden gab, schlecht erfüllen" (§ 76).

3. Aber setzt Lessing nicht die Möglichkeit, daß auch die sich selbst überlassene menschliche Vernunft vermöge sich zu der Erkenntniß zu erheben, welche wir der Offenbarung verdanken, zu der Erkenntniß „der wichtigsten dieser Dinge?" — Allerdings (§ 4); jedoch muß man dabei wohl bemerken, erstlich, daß diese Möglichkeit nur bei wenigen Völkern und einigen glücklicher organisirten Individuen verwirklicht worden (§ 20. 21), weßhalb ihm die Erziehung durch die (positive) Offenbarung nicht als der Weg erschien, welcher für alle Stufen der Bildung schlechthin nothwendig sei, aber als der Weg, welcher am sichersten führe (§ 21); und zweitens, daß wir durch die christliche Religion „auf nähere und bessere Begriffe vom göttlichen Wesen, und unserer Natur, von

unseren Verhältnissen zu Gott geleitet werden können", auf Begriffe, „auf welche die menschliche Vernunft von selbst nimmermehr gekommen wäre" (§ 77); daß daher auch die, welche „sich zum Erstaunen selbst bilden" (§ 20), wenn sie zum Ziele der Vollendung gelangen wollen, das Erziehungsmittel der Offenbarung nicht entbehren können; denn wir Alle, jeder einzelne Mensch müßte eben die Bahn, auf welcher das Geschlecht zu seiner Vollkommenheit schreitet, durchmessen, ehe wir zur Vollkommenheit unserer Einsicht und unseres sittlichen Lebens gelangen könnten (§ 93).

4. Hiernach also ist das in der obenangeführten Stelle über die Leistungsfähigkeit der menschlichen Vernunft Gesagte (§ 4) zu beschränken. Da nun unter Gottes Vorsehung das ganze Menschengeschlecht in allen seinen Gliedern zu dem Ziele der Erziehung geleitet werden soll (§ 82. 84), so ergibt sich, daß zu dem Zwecke, den Lessing sich in seiner vorliegenden Schrift gesetzt hat, auch die Nachweisung gehört, wie die Völker, welche bei dem Lichte der bloßen Vernunft sich entwickelten (§ 20), mit der Geschichte des Offenbarungsvolkes, in welchem Gott die künftigen Erzieher des Menschengeschlechts erzog (§ 18), rechtzeitig zusammengetroffen sind.

So viel zur vorläufigen Orientirung über Gehalt und Zweck der lessingischen Schrift: „die Erziehung des Menschengeschlechts."

III.

Das erste und niedrigste Stadium der Erziehung und religiösen Bildung der Menschheit.

1. „Wenn auch", bemerkt Lessing in seiner Anfangsgeschichte des Menschengeschlechts, „der erste Mensch mit einem Begriffe von einem Einigen Gotte sofort ausgestattet wurde, so konnte doch dieser mitgetheilte und nicht erworbene Begriff unmöglich lange in seiner Lauterkeit bestehen. Sobald ihn die sich selbst überlassene menschliche Vernunft zu bearbeiten anfing, zerlegte sie den Einzigen Unermeßlichen in mehrere Ermeßlichere, und gab jedem dieser Theile ein Merkmal" (§ 6). „So entstand natürlicher Weise Vielgötterei und Abgötterei" (§ 7).

2. Nach den Eingangsworten dieser Darstellung könnte man meinen, daß Lessing einen normalen Urzustand des Menschen annähme; allein wenn wir beachten, wie er die Entstehung der Viel=

götterei und Abgötterei erklärt, so müssen wir schon zweifeln, daß er den Stand der Unschuld und der Vollkommenheit unserer ersten Eltern im Paradiese im strengsten Sinne nahm, und wenn wir dann auch seine Deutung der Lehre von der Erbsünde (§ 74) berücksichtigen, so stellt sich uns als unzweifelhaft heraus, daß er das erste Stadium der religiösen Bildung der Menschheit sich dachte als die niedrigste Stufe des Menschen in seiner Menschheit d. i. als eine Stufe, auf welcher der Mensch von dunkeln Vorstellungen und sinnlichen Trieben beherrscht wird, und daß er die ursprüngliche Erziehung lediglich in den „Stoß" (§ 7) setzte, welcher dem Menschen in der sofortigen Ausstattung mit dem Begriffe von einem Einigen Gotte (§ 6) gegeben war: Vielgötterei und Abgötterei sind ihm nur der reale Ausdruck für die Herrschaft jener verworrenen Vorstellungen und sinnlichen Triebe über den Menschen auf der ersten Stufe seiner Menschheit.

3. Lessing war hiernach weit entfernt von den gewöhnlichen Meinungen der Aufklärer und Freidenker seiner Zeit über die natürliche Religion, wenn diese die natürliche Erkenntniß Gottes und seines Sittengesetzes für leicht und dem gesunden und gemeinen Menschenverstand für zugänglich hielten; wenn sie eben deßwegen meinten, unser Wille erhielte durch unsern Verstand genügende Anweisungen, um seinen richtigen Weg zu finden, so war Lessing in allen diesen Punkten vom Gegentheile überzeugt: er hielt wegen der Verworrenheit der dunkeln Vorstellungen und der Macht der sinnlichen Triebe, denen der Mensch auf der ersten Stufe seiner Menschheit nothwendig unterworfen ist, vielmehr Vielgötterei und Abgötterei für etwas Natürliches (§ 7), und war davon überzeugt, daß der menschliche Verstand einer langen Erziehung bedürfe, um zu richtigen Einsichten über Gott und das göttliche Gesetz zu gelangen.*) — Da nun aber das ganze Menschengeschlecht in Verworrenheit sinnlicher Triebe begonnen hat, wie noch jetzt jeder Einzelne in solcher Verworrenheit beginnt, so haben Menschen allein den Menschen nicht erziehen können: Gott war und ist der Erzieher des Menschengeschlechts.**)

---

*) H. Ritter, Ueber Lessings philosophische und religiöse Grundsätze S. 46. 47. Dazu S. 34. 35.
**) Dorner, Geschichte der protestantischen Theologie, S. 724.

IV.
Die alttestamentliche Offenbarungsstufe:

Die erste*) Stufe der sittlich=religiösen Bildung der Menschheit auf Grund der geschichtlichen (positiven) Offenbarung — als Erziehung — im Volke Israel.

1. Erzieher des Menschengeschlechts ist Gott in seiner ge= schichtlichen oder positiven Offenbarung. Als Erziehung hat diese Offenbarung eine gewisse Ordnung, ein gewisses Maß in der Mittheilung, einen pädagogischen Stufengang einhalten müssen (§ 5). Die erste Stufe der sittlich=religiösen Bildung ist nun die, auf welcher die Irrthümer der Vielgötterei und Abgötterei überwunden werden. „In diesen Irrwegen würde die menschliche Vernunft sich vielleicht viele Millionen Jahre herumgetrieben haben — ungeach= tet überall und zu allen Zeiten einzelne Menschen erkannten, daß es Irrwege waren — wenn es Gott nicht gefallen hätte, ihr durch einen neuen Stoß eine bessere Richtung zu geben" (§ 7). „Da er aber einem jeden einzelnen Menschen sich nicht mehr offenbaren konnte, noch wollte" (denn die Menschen waren bereits zu unterschiedlichen Nationen zusammengewachsen**), „so wählte er ein einzelnes Volk zu seiner besonderen Erziehung, und eben das ungeschliffenste, das verwildertste, um mit ihm ganz von vorne anfangen zu können" (§ 8), und „um in der Folge der Zeit einzelne Glieder desselben zu Er= ziehern aller übrigen Völker gebrauchen zu können" (§ 18). „Dieß war das israelitische Volk" (§ 9).

2. In Aegypten war es so heruntergekommen, daß „man gar nicht einmal weiß, was für einen Gottesdienst es" dort „hatte." Denn „an dem Gottesdienste der Aegyptier durften so verachtete

---

*) Man hat diese Stufe als die zweite in der Erziehung bezeichnet, aber wohl irrig; die ursprüngliche oder erste besteht lediglich in der besagten Ausstattung, welche doch nicht Erziehung im eigentlichen Sinne genannt werden kann, und der bald eingetretene Zustand der Vielgötterei und Abgöt= terei muß als ein Zeugniß dafür aufgefaßt werden, daß der Mensch nie schlechthin ohne Religion ist; die Erziehung im eigentlichen Sinne beginnt erst mit der Offenbarung, durch welche wir zur Sittlichkeit angeleitet werden sollen. Demnach muß die Zeit der alttestamentlichen Offenbarung als die erste Stufe der Erziehung zu sittlich=religiöser Bildung bezeichnet werden. Vgl. Guhrauer, Lessings Erzieh. d. M. S. 100.

**) Ulrici in Herzog's Real=Encyklopädie d. protest. Theol. u. Kirche XII. S. 702.

Sclaven nicht Theil nehmen, und der Gott seiner Väter war ihm gänzlich unbekannt geworden" (§ 9). „Diesem rohen Volke also ließ sich Gott anfangs als den Gott seiner Väter ankündigen, um es nur erst mit der Idee eines auch ihm zustehenden Gottes bekannt und vertraut zu machen" (§ 11). „Durch die Wunder, mit welchen er es aus Aegypten führte, und in Kanaan einsetzte, bezeugte er sich gleich darauf als einen Gott, der mächtiger sei, als irgend ein anderer Gott" (§ 12). — „Und indem er fortfuhr, sich ihm als den Mächtigsten von allen zu bezeugen — welches doch nur einer sein kann, — gewöhnte er es allmählich zu dem Begriffe des Einigen" (§ 13). „Aber wie weit war dieser Begriff des Einigen noch unter dem wahren transcendentalen Begriffe des Einigen, welchen die Vernunft so spät erst aus dem Begriffe des Unendlichen mit Sicherheit hat schließen lernen!" (§ 14). „Zu dem wahren Begriffe des Einigen — wenn sich ihm auch schon die Besseren des Volks mehr oder weniger näherten — konnte sich doch das Volk lange nicht erheben, und dieses war die einzige wahre Ursache, warum es so oft seinen Einigen Gott verließ, und den Einigen, d. i. den Mächtigsten, in irgend einem andern Gotte eines andern Volks zu finden glaubte" (§ 15).

3. „Ein Volk aber, das so roh, so ungeschickt zu abgezogenen Gedanken war, noch so völlig in seiner Kindheit war," das war keiner anderen moralischen Erziehung fähig, als der „durch unmittelbare sinnliche Strafen und Belohnungen" (§ 16). . . . „Noch konnte Gott seinem Volke keine andere Religion, kein anderes Gesetz geben als eins, durch dessen Beobachtung oder Nichtbeobachtung es hier auf Erden glücklich oder unglücklich zu werden hoffte oder fürchtete. Denn weiter als auf dieses Leben gingen noch seine Blicke nicht. Es wußte von keiner Unsterblichkeit der Seele; es sehnte sich nach keinem künftigen Leben. Ihm aber nun schon diese Dinge zu offenbaren, welchen seine Vernunft noch so wenig gewachsen war: was würde es bei Gott anders gewesen sein, als der Fehler des eiteln Pädagogen, der sein Kind lieber übereilen und mit ihm prahlen, als gründlich unterrichten will" (§ 17). Der göttliche Pädagog dagegen will gründlich unterrichten, er offenbart daher dem Zöglinge überhaupt nur so viel, als seine Vernunft reif dafür ist, mithin auch nichts von der Unsterblichkeit der Seele und der künftigen Vergeltung. „Der Mangel jener Lehren in den Schriften des Alten Testamentes beweiset" eben

deßwegen „wider ihre Gültigkeit nichts. Moses war doch von Gott gesandt, obschon die Sanction seines Gesetzes sich nur auf dieses Leben erstreckte. Denn warum weiter? Er war ja nur an das israelitische Volk, an das **damalige** israelitische Volk gesandt, und sein Auftrag war den Kenntnissen, den Fähigkeiten, den Neigungen dieses **damaligen** israelitischen Volks, so wie der Bestimmung des künftigen, vollkommen **angemessen**. Das ist genug" (§ 23). „Das ist genug", setzt Lessing hinzu, d. h. die Nachweisung der **Unreife** des damaligen israelitischen Volks für die Lehre von der Unsterblichkeit der Seele und der damit verbundenen Lehre von der Strafe und Belohnung in einem künftigen Leben (§ 22) reicht hin, um das Alte Testament zu vertheidigen gegen **den Vorwurf**, welcher demselben wegen des **Mangels** dieser Lehren gemacht ist z. B. von dem Fragmentisten*).

4. „So weit hätte Warburton auch nur gehen müssen und nicht weiter" (§ 24) d. h. so weit hätte er in seiner Apologie nur gehen sollen, wie Lessing in der seinigen. Aber der gelehrte Bischof von Glocester († 1779) war damit nicht zufrieden, den **Deisten** gegenüber nachzuweisen, daß der Mangel jener Lehren der göttlichen Sendung Mosis nicht schade; er sucht **gerade aus dem Fehlen der Unsterblichkeitslehre im Mosaismus den Offenbarungscharakter desselben, die göttliche Sendung Mosis zu beweisen**. Wie kommt es, daß die selbst für die **bürgerliche Gesellschaft** so nothwendige Lehre von Strafen und Belohnungen in einem künftigen Leben sich im Mosaismus nicht findet? wie kommt es, daß der israelitische Gesetzgeber die Sanction seiner Gesetze durch jene Lehre übergeht? „Wie kann er das strikteste Sittengesetz, das je der Freiheit menschlicher Handlung auferlegt wurde, stützen ohne die Beihülfe einer Lehre, die selbst für die laxe Moralität Griechenlands und Roms als eine nothwendige Stütze anerkannt wurde?" Darauf antwortet Warburton: die Grundlage und Stütze der mosaischen Gesetzgebung war das theokratische Regiment, das den Juden eigen war, „das, ausgeübt von einer auf außerordentliche Weise eingreifenden Vorsehung, mit vollkommener Gerechtigkeit Lohn und Strafe schon im **zeitlichen**

---

*) Das „genug" bezieht sich offenbar auf das **vierte** Fragment des Ungenannten, „daß die Bücher des alten Testamentes nicht geschrieben worden, um Religion zu offenbaren, weil das alte Testament von keiner **Unsterblichkeit der Seele, von keinen Belohnungen und Strafen nach diesem Leben** weiß." Guhrauer, Lessings Leben u. Werke II. 2 S. 218. 219.

Leben austheilte, sowohl an die Gesammtheit des Volkes als an das Individuum"*). — Lessing spricht sich gegen diese Auffassung des theokratischen Regiments aus (§ 25). Er erklärt sich „an dem Gegenbilde der Offenbarung. Ein Elementarbuch für Kinder darf gar wohl dieses oder jenes wichtige Stück der Wissenschaft und Kunst, die es vorträgt, mit Stillschweigen übergehen, von dem der Pädagog urtheilte, daß es den Fähigkeiten der Kinder, für die er schrieb, noch nicht angemessen sei. Aber es darf schlechterdings nichts enthalten, was den Kindern den Weg zu den zurückbehaltenen Stücken verspepre oder verlege. Vielmehr müssen ihnen alle Zugänge zu denselben sorgfältig offen gelassen werden: und sie nur von einem einzigen dieser Zugänge ableiten, oder verursachen, daß sie denselben später betreten, würde allein die Unvollständigkeit des Elementarbuchs zu einem wesentlichen Fehler machen" (§ 26). „Also auch konnten in den Schriften des Alten Testaments, in diesen Elementarbüchern für das rohe und im Denken ungeübte israelitische Volk, die Lehre von der Unsterblichkeit der Seele und künftigen Vergeltung gar wohl mangeln; aber enthalten durften sie schlechterdings nichts, was das Volk, für das sie geschrieben waren, auf dem Wege zu dieser großen Wahrheit auch nur verspätet hätte. Und was hätte es, wenig zu sagen, mehr dahin verspätet, als wenn jene wunderbare Vergeltung in diesem Leben darin wäre versprochen, und von dem wäre versprochen worden, der nichts verspricht, was er nicht hält?" (§ 27) — Nachdem Lessing sich nun über den fraglichen Punkt weiter ausgelassen hat (§ 28—31), ruft er aus: „Laßt uns auch bekennen, daß es ein heroischer Gehorsam ist, die Gesetze Gottes zu beobachten, bloß weil es Gottes Gesetze sind" . . . . (§ 32). „Ein Volk, zu diesem heroischen Gehorsam gegen Gott erzogen, sollte es nicht bestimmt, sollte es nicht vor allen anderen fähig sein, ganz besondere göttliche Absichten auszuführen?" . . . . (§ 33). Aber so weit war Israel bis jetzt noch keineswegs erzogen (s. oben S. 7). Das über den heroischen Gehorsam Gesagte bezieht sich offenbar auf eine spätere Zeit. — „Noch hatte das jüdische Volk in seinem Jehova mehr den Mächtigsten, als den Weisesten aller Götter verehrt; noch hatte es ihn als einen eifrigen Gott mehr gefürchtet, als geliebt; auch dieses zum Beweise,

---

*) Christlieb in Herzog's Real-Encyklopädie XVII. S. 552.

daß die Begriffe, die es von seinem höchsten einigen Gott hatte, nicht eben die richtigen waren, die wir von Gott haben müssen. Doch nun war die Zeit da, daß diese seine Begriffe erweitert, veredelt, berichtigt werden sollten, wozu sich Gott eines ganz natürlichen Mittels bediente, eines besseren, richtigeren Maßstabes, nach welchem es ihn zu schätzen Gelegenheit bekam" (§ 34). Dazu erhielten die Juden nun auf folgende Weise Gelegenheit. 5. „Als das Kind" der Erziehung nämlich . . . „zu den Jahren des Verstandes gekommen war, stieß es der Vater auf einmal in die Fremde . . . . (§ 19). Hier kam es mit andern Kindern in Berührung, die ohne (positive) Offenbarung sich entwickelt hatten; durch die Vernunft dieser Völker wurde dem Kinde der Erziehung seine Offenbarung erhellt" (§ 36). Nun fing es an, seinen höchsten einigen Gott nach einem besseren richtigern Maßstabe zu schätzen: „anstatt daß es ihn bisher nur gegen die armseligen Götzen der kleinen benachbarten rohen Völkerschaften geschätzt hatte, mit welchen es in beständiger Eifersucht lebte: fing es in der Gefangenschaft unter weisen Persern an, ihn gegen das Wesen aller Wesen zu messen, wie das eine geläuterte Vernunft erkannte und verehrte" (§ 35). — „Da sucht es seine Elementarbücher wieder vor, die ihm längst zum Ekel geworden, um die Schuld auf die Elementarbücher zu schieben. Aber siehe! es erkennt, daß die Schuld ledig sein eigen sei, warum es nicht längst eben das wisse, eben so lebe" (§ 38), wie die anderen Völker. — So erkannten die Juden nunmehr „auf Veranlassung der reinen persischen Lehre in ihrem Jehova nicht bloß den größten aller Nationalgötter, sondern Gott," und konnten „ihn als solchen in ihren wieder hervorgesuchten heiligen Schriften um so eher finden und Andern zeigen, als er wirklich darin war" (§ 39). — So erleuchtet über ihre eigenen unerkannten Schätze kamen sie zurück, und wurden ein ganz anderes Volk, dessen erste Sorge es war, diese Erleuchtung dauerhaft zu machen. Bald war an Abfall und Abgötterei unter ihm nicht mehr zu denken. Denn man kann einem Nationalgotte wohl untreu werden, aber nie Gott, sobald man ihn einmal erkannt hat" (§ 40).

6. „Ohne Zweifel waren die Juden unter den Chaldäern und Persern auch mit der Lehre von der Unsterblichkeit der Seele bekannter geworden. Vertrauter mit ihr wurden sie in den Schulen der griechischen Philosophen in Aegypten" (§ 42). — „Doch da es

mit dieser Lehre, in Ansehung ihrer heiligen Schriften, die Bewandtniß nicht hatte, die es mit der Lehre von der Einheit und den Eigenschaften Gottes gehabt hatte; da jene von dem sinnlichen Volke darin nur gröblich übersehen worden, diese aber gesucht sein wollte; da auf diese noch Vorübungen nöthig gewesen waren, und also nur Anspielungen und Fingerzeige Statt gehabt hatten: so konnte der Glaube an die Unsterblichkeit der Seele natürlicher Weise nie der Glaube des gesammten Volkes werden. Er war und blieb nur der Glaube einer gewissen Sekte desselben" (§ 43) d. h. das Eigenthum von weniger mehr Erleuchteten. — Das in den folgenden Paragraphen über Vorübungen, Anspielungen und Fingerzeige auf den Glauben an Unsterblichkeit der Seele Gesagte geht, wie bemerkt worden ist, wieder auf eine weitere Beschuldigung des Fragmentisten*), welche aber als bekannt vorausgesetzt wird. Lessing zeigt nun dieser Beschuldigung gegenüber, daß es an Hindeutungen auf den Glauben an Unsterblichkeit der Seele keineswegs im Alten Testamente fehle. Er bespricht zu dem Zwecke solche Stellen, welche auf den von dem Fragmentisten dem alten Testamente abgesprochenen Glauben hinleiten sollen. So z. B. sagt er: „Einen Fingerzeig nenne ich, was schon irgend einen Keim enthält, aus welchem sich die noch zurückgehaltene Wahrheit entwickeln läßt. Dergleichen war Christi Schluß aus der Benennung „Gott Abrahams, Isaacs und Jacobs". Dieser Fingerzeig scheint mir allerdings**) zu einem strengen Beweis ausgebildet werden zu können" (§ 46).

7. „In solchen Vorübungen, Anspielungen, Fingerzeigen besteht die positive Vollkommenheit eines Elementarbuchs; so wie die oben erwähnte Eigenschaft, daß es den Weg zu der noch zurückgehaltenen Wahrheit nicht erschwere, oder versperre, die negative Vollkommenheit desselben war" (§ 47). „Setzt hinzu noch die Einkleidung und den Stil" — worüber in § 48 und 49 — „und ihr habt alle guten Eigenschaften eines Elementarbuchs sowohl für Kinder, als für ein kindisches Volk" (§ 50). — „Aber

---

*) Dieser nämlich gibt den Schriftstellern des alten Testaments Schuld, daß sie die Unsterblichkeit der Seele nicht nur nicht lehrten, sondern sie auch ausdrücklich leugneten. Guhrauer, Lessings Erziehung d. M. S. 112.

**) Dieses allerdings kann befremden; aber es erklärt sich aus dem Gedanken, daß Lessing eine Vertrautheit mit gewissen Stellen des vierten Fragments voraussetzt. Guhrauer a. a. O. S. 113.

jedes Elementarbuch ist nur für ein gewisses Alter. Das ihm entwachsene Kind länger, als die Meinung gewesen, dabei zu verweilen, ist schädlich." Wozu die zu lange Beibehaltung des Elementarbuchs verleite, und wie das den Geist kleinlich mache, sagt § 51. — „Ein besserer Pädagog muß kommen, und dem Kinde das erschöpfte Elementarbuch aus den Händen reißen, — Christus kam" (§ 53).

V.

Die neutestamentliche Offenbarung:

Die mittlere Stufe der sittlich=religiösen Bildung auf Grund der Offenbarung in Christo.

1. Christus kam, als „der Theil des Menschengeschlechts, den Gott in Einen Erziehungsplan hatte fassen wollen, — Er hatte aber nur denjenigen in Einen fassen wollen, der durch Sprache, durch Handlung, durch Regierung, durch andere natürliche und politische Verhältnisse in sich bereits verbunden war — nun zu dem zweiten großen Schritte der Erziehung reif war" (§ 54). — „Das ist: dieser Theil des Menschengeschlechts war in der Ausübung seiner Vernunft so weit gekommen, daß er zu seinen moralischen Handlungen edlere, würdigere Bewegungsgründe bedurfte und brauchen konnte, als zeitliche Belohnung und Strafen waren, die ihn bisher geleitet hatten. Das Kind wird Knabe".... (§ 55). „Schon längst waren die Besseren von jenem Theile des Menschengeschlechts gewohnt, sich durch einen Schatten solcher edleren Bewegungsgründe regieren zu lassen. Um nach diesem Leben auch nur in dem Andenken seiner Mitbürger fortzuleben, that der Grieche und Römer alles" (§ 56). „Es war Zeit, daß ein anderes wahres, nach diesem Leben zu gewärtigendes Leben Einfluß auf seine Handlungen gewönne" (§ 57).

2. „Und so ward Christus der erste zuverlässige, praktische Lehrer der Unsterblichkeit der Seele" (§ 58).

a. „Der erste zuverlässige Lehrer. — Zuverlässig durch die Weissagungen, die in ihm erfüllt schienen, durch die Wunder, die er verrichtete, zuverlässig durch seine eigene Wiederbelebung nach seinem Tode, durch den er seine Lehre versiegelt hatte. Ob wir noch jetzt diese Wiederbelebung, diese Wunder beweisen können: das lasse ich dahin gestellt sein. So wie ich es dahin gestellt sein lasse, wer die Person dieses Christus gewesen. Alles das kann damals zur Annehmung seiner Lehre wichtig gewesen sein; jetzt ist es zur Erkennung der Wahrheit dieser Lehre so wichtig nicht mehr" (§ 59.)

b. „Der erste praktische Lehrer. — Denn ein anderes ist, die Unsterblichkeit der Seele als eine philosophische Speculation vermuthen, wünschen, glauben; ein anderes, seine inneren und äußeren Handlungen darnach einrichten" (§ 60). „Und dieses wenigstens lehrte Christus zuerst. Denn ob es gleich bei manchen Völkern auch schon vor ihm eingeführter Glaube war, daß böse Handlungen noch in jenem Leben bestraft würden: so waren es doch nur solche, die der bürgerlichen Gesellschaft Nachtheil brachten, und daher auch schon in der bürgerlichen Gesellschaft ihre Strafe hatten. Eine innere Reinigkeit des Herzens in Hinsicht auf ein anderes Leben zu empfehlen, war ihm allein vorbehalten" (§ 61).

3. „Seine Jünger haben diese Lehre getreulich fortgepflanzt, und wenn sie auch kein anderes Verdienst hätten, als daß sie einer Wahrheit, die Christus nur allein für die Juden bestimmt zu haben schien, einen allgemeineren Umlauf unter mehreren Völkern verschafft hätten, so wären sie schon darum unter die Pfleger und Wohlthäter des Menschengeschlechts zu rechnen" (§ 62). — „Daß sie aber diese Eine große Lehre noch mit anderen Lehren versetzten, deren Wahrheit weniger einleuchtend, deren Nutzen weniger ersichtlich war: wie könnte das anders sein? Laßt uns sie darum nicht schelten, sondern vielmehr mit Ernst untersuchen: ob nicht selbst diese eingemischten Lehren ein neuer Richtungsstoß für die menschliche Vernunft geworden" (§ 63).

4. „Wenigstens ist es schon aus der Erfahrung klar, daß die Neutestamentlichen Schriften, in welchen sich diese Lehren nach einiger Zeit aufbewahrt finden, das zweite bessere Elementarbuch für das Menschengeschlecht (— das Elementarbuch für das Knabenalter desselben § 71 —) abgegeben haben, und noch abgeben" (§ 64). — „Sie haben seit siebzehnhundert Jahren den menschlichen Verstand mehr als alle anderen Bücher beschäftigt, mehr als andere Bücher erleuchtet; sollte es auch nur durch das Licht sein, welches der menschliche Verstand selbst hineintrug" (§ 65). — „Unmöglich hätte irgend ein anderes Buch unter so verschiedenen Völkern so allgemein bekannt werden können: und unstreitig hat das, daß so ganz ungleiche Denkungsarten sich mit diesem nämlichen Buche be-

schäftigten, den menschlichen Verstand mehr fortgeholfen, als wenn jedes Volk für sich besonders sein eigenes Elementarbuch gehabt hätte" (§ 66). — "Auch war es höchst nöthig, daß jedes Volk dieses Buch eine Zeitlang für das Non plus ultra seiner Erkenntnisse halten mußte. Denn dafür muß auch der Knabe sein Elementar=buch fürs erste ansehen, damit die Ungeduld, um fertig zu werden, ihn nicht zu Dingen fortreißt, zu welchen er noch keinen Grund gelegt hat" (§ 67). — "Und was noch jetzt höchst wichtig ist: — Hüte dich, du fähigeres Individuum, der du an dem letzten Worte dieses Elementarbuchs stampfest und glühest, hüte dich, es deine schwächeren Mitschüler merken zu lassen, was du witterst, oder schon zu sehen beginnst" (§ 68). "Bis sie dir nach sind, diese schwächeren Mitschüler, — kehre lieber noch einmal in dieses Elementarbuch zurück, und untersuche, ob das, was du nur für Wendungen der Methode, für Lückenbüßer der Dialektik hältst, auch wohl nicht etwas Mehreres ist" (§ 69). Das untersuche! — "So wie wir zur Lehre von der Einheit Gottes nunmehr des Alten Testaments entbehren können; so wie wir allmählich, zur Lehre von der Unsterblichkeit der Seele, auch des Neuen Testaments entbehren zu können anfangen: könnten in diesem nicht noch mehr dergleichen Wahrheiten vorgespiegelt werden, die wir als Offenbarungen anstaunen sollen, bis sie die Vernunft aus ihren anderen ausge=machten Wahrheiten herleiten und mit ihnen verbinden lerne?" (§ 72). "Und warum sollten wir nicht auch durch eine Religion, mit deren historischer Wahrheit, wenn man will, es so mißlich aussieht, gleichwohl auf nähere und bessere Begriffe vom göttlichen Wesen, von unserer Natur, von unseren Verhältnissen zu Gott, geleitet werden können, auf welche die menschliche Vernunft von selbst nimmermehr gekommen wäre?" (§ 77). Um nachzuweisen, daß in den der Einen großen Lehre von der Unsterblichkeit der Seele beigemischten Lehren (§ 63) wirklich Vorspiegelungen von oder Fingerzeige zu allgemeinen Wahrheiten gegeben sind, geht Lessing einige jener Lehren beispielsweise durch, nämlich die Lehre von der Dreieinigkeit, von der Erbsünde und der Genugthuung des Sohnes. Die Lehre von der Dreieinigkeit bedeutet ihm, daß Gott in dem Ver=stande, in welchem endliche Dinge eins sind, unmöglich eins sein könne, daß auch seine Einheit eine transcendentale sein müsse, welche eine Art Mehrheit nicht ausschließt (§ 73). Der Sinn der Lehre von der Erbsünde ist ihm, daß der Mensch auf der ersten und niedrigsten Stufe seiner Menschheit schlechterdings so Herr seiner Handlungen nicht sei, daß er moralischen Gesetzen folgen könne (§ 74). Und die Lehre von der Genugthuung des Sohnes bedeutet, daß Gott ungeachtet der ursprünglichen Unvermögenheit des Menschen, ihm dennoch moralische Gesetze lieber habe geben, und ihm alle Uebertretungen, in Rücksicht auf seinen Sohn, d. i. in Rücksicht auf den selbstständigen Umfang aller seiner Vollkommenheiten, gegen den und in dem jede Unvollkommenheit des Einzelnen verschwindet, lieber verzeihen wollen, — als daß er sie ihm nicht geben, und ihn von aller moralischen Glückseligkeit ausschließen wollen, die sich ohne moralische Gesetze nicht denken läßt (§ 75). — Das sind Beispiele, wie die Vernunft zur Erwerbung von ihr bisher unbekannten allgemeinen Wahrheiten einen neuen Richtungsstoß erhält in jenen der Einen großen Lehre von der Unsterblichkeit der Seele beigemischten Lehren.

5. Man sage also nicht, daß solche Speculationen nachtheilig seien. — „Es ist nicht wahr, daß Speculationen über diese Dinge jemals Unheil gestiftet und der bürgerlichen Gesellschaft nachtheilig geworden......" (§ 78). — „Vielmehr sind dergleichen Speculationen — mögen sie im Einzelnen auch ausfallen, wie sie wollen, unstreitig die schicklichsten Uebungen des menschlichen Verstandes überhaupt, so lange das menschliche Herz überhaupt höchstens nur vermögend ist, die Tugend wegen ihrer ewigen glücklichen Folgen zu lieben" (§ 79). — „Denn ... der Verstand ... will schlechterdings an geistigen Gegenständen geübt sein, wenn er zu seiner völligen Aufklärung gelangen und diejenige Reinigkeit des Herzens hervorbringen soll, die uns, die Tugend um ihrer selbst willen zu lieben, fähig macht" (§ 80). — Es sind also dergleichen Verstandesübungen die schicklichsten Mittel, den heranwachsenden Knaben — das Knabenalter des Menschengeschlechts (§ 71) — den Jüngling zum Manne zu erziehen.

VI.

Die Zeit des neuen ewigen Evangeliums:

Die dritte und höchste Stufe der sittlich=religiösen Bildung der Menschheit.

1. Zu der besagten Fähigkeit sollen wir in dem Mannesalter des Menschengeschlechts gelangen. — „Oder soll das menschliche Geschlecht auf diese höchsten Stufen der Aufklärung und

Reinigkeit nie kommen? Nie?" (§ 81) — „Nie? — Laß mich
diese Lästerung nicht denken, Allgütiger! — Die Erziehung hat
ihr Ziel: bei dem Geschlechte nicht weniger, als bei dem Einzelnen.
Was erzogen wird, wird zu Etwas erzogen" (§ 82). — Die
schmeichelnden Aussichten, die man dem Jünglinge eröffnet, die
Ehre, der Wohlstand, die man ihm vorgespiegelt: was sind sie mehr,
als Mittel, ihn zum Manne zu erziehen, der auch dann, wenn
diese Aussichten der Ehre und des Wohlstandes wegfallen, seine
Pflicht zu thun, vermögend sei." (§ 83). — „Darauf zweckt
die menschliche Erziehung ab: und die göttliche reiche dahin
nicht? Was der Kunst mit dem Einzelnen gelingt, sollte der
Natur nicht auch mit dem Ganzen gelingen? Lästerung! Läste=
rung!" (§ 84). — „Nein; sie wird kommen, sie wird gewiß kommen,
die Zeit der Vollendung, da der Mensch, je überzeugter sein
Verstand einer immer besseren Zukunft sich fühlt, von dieser Zukunft
gleichwohl Bewegungsgründe zu seinen Handlungen zu erborgen,
nicht nöthig haben wird, da er das Gute thun wird, weil es
das Gute ist, nicht weil willkürliche Belohnungen daraufgesetzt
sind, die seinen flatterhaften Blick ehedem bloß heften und stärken
sollten, die inneren besseren Belohnungen desselben zu erkennen"
(§ 85). — „Sie wird gewiß kommen, die Zeit eines neuen ewigen
Evangeliums, die uns selbst in den Elementarbüchern des Neuen
Testaments versprochen wird" (§ 86).

2. „Vielleicht, daß selbst gewisse Schwärmer des dreizehn=
ten und vierzehnten Jahrhunderts einen Strahl dieses neuen
ewigen Evangeliums aufgefangen hatten, und nur darin irrten,
daß sie den Anbruch desselben zu nahe verkündigten" (§ 87). —
„Vielleicht war ihr dreifaches Alter der Welt keine so leere
Grille; und gewiß hatten sie keine schlimmen Absichten, wenn sie
lehrten, daß der Neue Bund eben sowohl antiquirt werden müsse,
als es der Alte geworden. Es blieb auch bei ihnen immer die näm=
liche Oekonomie des nämlichen Gottes. Immer — sie meine
Sprache sprechen zu lassen — der nämliche Plan der allgemeinen
Erziehung des Menschengeschlechts" (§ 88). — „„Nur daß sie
ihn übereilten; nur daß sie ihre Zeitgenossen, die noch kaum der
Kindheit entwachsen waren, ohne Aufklärung, ohne Vorberei=
tung, mit Eins zu Männern machen zu können glaubten, die
ihres dritten Zeitalters würdig wären" (§ 89). — „Und
eben das machte sie zu Schwärmern. Der Schwärmer thut oft

sehr richtige Blicke in die Zukunft; aber er kann diese Zukunft nur nicht erwarten. Er wünscht diese Zukunft beschleunigt, und wünscht, daß sie durch ihn beschleunigt werde. Wozu sich die Natur Jahrtausende Zeit nimmt, soll in dem Augenblicke seines Daseins reifen . . . ." (§ 90).

3. Von solcher Schwärmerei müssen wir also frei bleiben, aber nie dürfen wir daran zweifeln, daß das Ziel der Erziehung endlich erreicht werde (§ 82. 84). In diesem Glauben soll Gott selbst uns stärken: „Geh deinen unmerklichen Schritt, ewige Vorsehung! Nur laß mich dieser Unmerklichkeit wegen an dir nicht verzweifeln! Laß mich an dir nicht verzweifeln, wenn selbst deine Schritte mir scheinen sollten, zurück zu gehen! — Es ist nicht wahr, daß die kürzeste Linie immer die gerade ist" (§ 91). — „Du hast auf deinem ewigen Wege so viel mitzunehmen! so viel Seitenschritte zu thun! — Und wie? wenn es nun gar so gut als ausgemacht wäre, daß das große langsame Rad, welches das Geschlecht seiner Vollkommenheit näher bringt, nur durch kleinere schnellere Räder in Bewegung gesetzt würde, deren jedes sein Einzelnes eben dahin liefert?" (§ 92). —

Den Schluß macht:

VII.
Die Hypothese der Seelenwanderung.

Darauf wurde Lessing wohl in dieser Weise geführt:

1. Die Erziehung des Menschengeschlechts entwickelt sich nur langsam, kann sich nur langsam entwickeln, weil sie eben das gesammte Menschengeschlecht umfaßt, und weil nach den Gesetzen der göttlichen Haushaltung Niemand zu der höchsten Stufe der Erziehung gelangen kann, ehe er nicht durch die vorangehenden niedern Stufen gegangen ist; denn „eben die Bahn, auf welcher das Geschlecht zu seiner Vollkommenheit gelangt, müsse jeder einzelne Mensch (der eine früher, der andere später) erst durchlaufen haben" und zwar wohl nicht „in einem und demselben Leben durchlaufen haben." — Oder „kann er in demselben Leben ein sinnlicher Jude und ein geistiger Christ gewesen sein? Kann er in eben demselben Leben beide überholt haben? Das nun wohl nicht!" (§ 93. 94).

Aber

2. „warum könnte jeder einzelne Mensch auch nicht mehr als

einmal auf dieser Welt vorhanden gewesen sein?" (§ 94). — „Ist diese Hypothese darum so lächerlich, weil sie die älteste ist? weil der menschliche Verstand, ehe ihn die Sophisterei der Schule zerstreut und geschwächt hatte, sogleich darauf verfiel?" (§ 95). „Warum konnte auch Ich nicht hier bereits einmal alle die Schritte zu meiner Vervollkommnung gethan haben, welche bloß zeitliche Strafen und Belohnungen den Menschen bringen können?" (§ 96). „Und warum nicht ein andermal alle die, welche zu thun, uns die Aussichten in ewige Belohnungen so mächtig helfen?" (§ 97). „Warum sollte ich nicht so oft wiederkommen, als ich neue Kenntnisse, neue Fertigkeiten zu erlangen, geschickt bin? Bringe ich auf Einmal so viel weg, daß es der Mühe, wiederzukommen, etwa nicht lohnt?" (§ 98). „Darum nicht? Oder, weil ich es vergesse, daß ich schon da gewesen? Wohl mir, daß ich das vergesse. Die Erinnerung meiner vorigen Zustände würde mir nur einen schlechten Gebrauch des gegenwärtigen zu machen erlauben. Und was ich auch jetzt vergessen muß, habe ich denn das auf ewig vergessen?" (§ 99). — „Oder, weil zu viel Zeit verloren gehen würde? — Verloren? — Und was habe ich denn zu verlieren? Ist nicht die ganze Ewigkeit mein?" (§ 100). —

Doch muß man bei diesen Sätzen von der Seelenwanderung sich gegenwärtig halten, daß Lessing sie keineswegs entschieden und ausdrücklich als seine wirkliche Meinung, sondern nur als eine wohl denkbare Möglichkeit darstellt.*)

Erörterung und Prüfung im Lichte der heiligen Schrift und der Geschichte.

I.

Der pädagogische Begriff von der Geschichte.

1. Der Gedanke einer Erziehung des Menschen durch Gott, welche den Zögling durch verschiedene Stufen seiner Vollendung entgegenführen soll, ist ein dem Christenthume eigenthümlicher.

---

*) H. Kurz, Handbuch der deutschen Prosa. III. S. 310.

Diejenigen welche kein letztes Ziel der Vernunft oder nur einen Kreislauf der Dinge kannten, wie die griechischen Philosophen*), bei denen konnte dieser Gedanke sich nicht entwickeln. Er findet sich angewendet den ersten Umrissen nach bei dem Kirchenvater Jrenäus (H. Ritter, Gesch. der christl. Philosophie I. S. 154), nimmt dann in der patristischen Theologie überhaupt unter den leitenden Ideen eine wichtige Stelle ein (Ulrici in Herzog's Real=Encyclopädie XII. S. 702), und wird auch von manchen Scholastikern angedeutet. Lessing ist also nicht der Erfinder des pädagogischen Begriffs von der Geschichte. Aber für seine Zeit war diese Idee einer göttlichen Erziehung der Menschheit so neu, daß er ohne Gefahr des Vorwurfs fremdes Gut sich angeeignet zu haben seine Schrift unter seinem Namen verbreiten konnte. Es dauerte ziemlich lange, fast ein Menschenalter, bis der Geschichtsforscher Johannes von Müller auf die Spur gekommen zu sein glaubte, daß Lessing dieses Bild von der Erziehung des Menschengeschlechts mit seiner Anwendung auf die verschiedenen Stufen der Offenbarung aus dem Epiphanius entnommen hätte; aber es ist wahrscheinlicher, daß er sie beim Tertullian, dem er so viel verdankte, gefunden oder wiedergefunden hatte. Sein Verdienst wird dadurch nicht geschmälert. Er war fähig, diesen Gedanken und sein Gewicht für den Standpunkt seiner Zeit zu verwerthen (H. Ritter, Ueber Lessings philos. und religiös. Grundsätze. S. 38. 29. A. 2).

2. Warum nun Lessing, der für das, was er von philosophischen Gesichtspunkten aus entwickelte, gern Gewährsmänner in der älteren Zeit suchte — denn ihm galt eine Lehre nicht für um so wahrscheinlicher, je neuer sie war; vielmehr schien das Aelteste ihm ein Vorurtheil seiner Wahrheit für sich zu haben (§ 95) — hier seine Vorgänger oder seine Quellen nicht verrieth, sondern nur beiläufig zu einem Nebenpunkt auf wenig bedeutende Schwärmer des Mittel=

---

*) Nicht bloß den griechischen Philosophen, sondern den Alten überhaupt fehlte eine lebendige Geschichtsanschauung. Wie ihnen der Begriff von der Einheit des Menschengeschlechts fehlte, so auch der von der Einheit der Menschengeschichte (Lechler, Der Apostel Geschichten. S. 250). Daher konnten sie auch nicht zu einer wahren Geschichtsanschauung gelangen; diese wird nur möglich auf Grund jener christlichen Idee. Erst der Christ hat wieder ein Herz zu Gott und sinnt vertrauensvoll seiner Führung des Menschengeschlechts nach; erst von dem im Glauben erreichten Ziele aus wird der zurückgelegte Weg deutlich als ein providentieller, als ein vernünftiger erkannt (Weiß, Zum Beweise des Glaubens S. 141).

alters verwies (§ 87), das wird man nach H. Ritter's Meinung nur aus seiner polemischen Kunst sich erklären können, welche es liebte, manche Beweismittel, welche er wohl kannte, einstweilen zu verschweigen oder gar zu verdecken, um sie bei passender Gelegenheit mit um so größer Wirkung gebrauchen zu können (vgl. die zuletzt angeführte Schrift S. 38. 39).

3. Aber ist denn Lessing wirklich der Verfasser der Schrift über „die Erziehung des Menschengeschlechts?" In dem Vorberichte stellt er sich als den bloßen Herausgeber dar und auch sonst bekennt er sich nicht unumwunden zu dieser Schrift als zu seiner Arbeit. Dazu kommt, daß man, wie bekannt, in neuerer Zeit über den eigentlichen Verfasser der Erziehung des Menschengeschlechts gestritten hat, ob es Lessing sei oder der um die Oekonomie verdiente Thär (s. den kurzen Bericht in Gelzer's deutscher National-Litteratur. 1. Aufl. 2. S. 289). Aber wenngleich die äußeren Gründe nicht volle Beweiskraft haben, so sind die inneren um so stärker für Lessing als den Verfasser. Vgl. Guhrauer, Lessings Leben u. Werke II. 2. Beil. S. 29. Wir halten Lessing für den eigentlichen Verfasser. — Warum aber bekennt er sich nirgends ganz unumwunden als solchen? — Das hat wohl seinen Grund darin, daß er wollte und wünschte, es möchte unter den Parteien seiner Zeit die in der herausgegebenen Schrift enthaltene Wahrheit sich allein durch sich selbst Bahn brechen.

4. Welche Wahrheit aber ist es, die sich durch sich selbst Bahn brechen soll? — Nach der oben (S. 1) angeführten Stelle der Vorrede sollte man erwarten, daß Lessing seine Betrachtung auf das ganze Menschengeschlecht ausdehnen und alle positive Religion als Erziehungsmittel des menschlichen Verstandes nachweisen wolle; in dem Aufsatze selbst aber beschränkt er die Betrachtung auf die biblische Religion, die jüdische und die christliche, welche als unmittelbar göttliche Offenbarung über alle Religionen der Welt hervorgehoben werden, und nur an ein paar Stellen berührt er auch die heidnischen Religionen (§ 38. 39. 42). Ueber diese Beschränkung müssen wir uns anfangs wundern; wenn wir aber auf die nächste Veranlassung zurückgehen, durch welche seine Schrift entstanden ist, so erhalten wir darüber den nöthigen Aufschluß. Er verfaßte nämlich seinen Aufsatz, wie gleichfalls schon oben (S. 2. Anm.) angegeben, mit besonderer Beziehung auf das vierte Fragment des Ungenannten; dessen beistisch-rationalistischer Auffassung

der positiven Religionen wollte er hier eine gerechtere Anschauung derselben und vorzüglich der biblischen Offenbarung entgegenstellen und zeigen, daß die von dem pädagogischen Begriffe der Geschichte geleitete Anschauung der positiven Religionen zu einer Würdigung dieser Erziehungsmittel führe, welche eben so sehr dem Offenbarungsglauben als der Vernunftforderung entspreche. Das also wird die Wahrheit sein, welche sich durch sich selbst Bahn brechen soll. Vgl. die Aeußerung aus dem Jahre 1780 gegen Herder (Gelzer S. 290): „Nun wird sich der Ungenannte schon selbst so weit helfen, als er sich nach den Gesetzen einer höheren Haushaltung helfen soll" . . . und die in einem Briefe von 1773 an seinen Bruder über die neumodischen Theologen und die Orthodoxen: „Ich verachte die Orthodoxen eben so sehr, als Du; nur verachte ich unsere neumodischen Geistlichen noch mehr . . . . . Du machst Dir hierin eine ganz falsche Idee von mir und verstehst mein ganzes Betragen in Ansehung der Orthodoxie sehr unrecht . . . . . Nicht das unreine Wasser (der Orthodoxie), welches längst nicht mehr zu brauchen, will ich beibehalten wissen; ich will es nur nicht eher weggegossen wissen, als bis man weiß, woher reineres zu nehmen . . . . Und was ist sie anders, unsere neumodische Theologie, gegen die Orthodoxie, als Mistjauche gegen unreines Wasser?"

II.
Der Offenbarungsbegriff.

1. Lessing versteht in der vorliegenden Schrift unter Offenbarung immer die geschichtlich vermittelte, die positive Offenbarung; aber dabei nimmt er stillschweigend an, daß der Urheber der Offenbarung (§ 37) sich der menschlichen Vernunft als solcher innerlich offenbare; denn sonst hätte nicht durch die Vernunft einiger von den Völkern, welche sich bisher ohne positive Offenbarung entwickelten (§ 20), dem Volke Israel seine Offenbarung erhellt*) (§ 36) werden können. Aber ungeachtet des Dienstes, welchen

---

*) Lessing spricht sich nicht darüber aus, wodurch diese Völker dazu befähigt wurden; wir können aus dem über die Religionen überhaupt (Vorbericht) und über die persische Lehre insbesondere (§ 39) Gesagten nur schließen, daß auch die subjective Vernunft dieser Völker durch die ihnen angehörige positive Religion erzogen wurde, — deren Stifter Vorschriften gaben, die von Gott kamen (H. Ritter a. a. O. S. 44).

die Vernunft dieser Völker der positiven Offenbarung geleistet hat, können diese Völker, wenn sie zur Vollendung ihrer Entwickelung gelangen wollen, doch nicht der positiven Offenbarung entbehren. — Allerdings meint Lessing, daß wir „zur Lehre von der Einheit Gottes nunmehr des Alten Testaments entbehren können", und daß „wir allmählich anfangen, zur Lehre von der Unsterblichkeit der Seele, auch des Neuen Testaments entbehren zu können" (§ 72); aber deßhalb meint er keineswegs, daß wir der Offenbarung überhaupt, und der christlichen insbesondere jemals entbehren könnten; er hofft nur, es würde das menschliche Geschlecht einst auf die Stufe der Aufklärung und der Sittlichkeit gelangen, daß wir des äußeren Gerüstes der Offenbarung entbehren könnten, nicht aber dieser selbst. — Wenn nun Lessings Offenbarungsbegriff richtig erörtert ist, so folgt, daß er die Vernunft zu der Offenbarung in ein immanentes Verhältniß gesetzt denkt, dessen wir jedoch erst auf der höchsten Stufe der Erziehung inne werden.

2. Prüfen wir jetzt Lessings Offenbarungsbegriff im Lichte der heiligen Schrift und der Geschichte. — Nach der heil. Schrift müssen wir unterscheiden, aber nicht scheiden a) die allgemeine Offenbarung, welche in der Welt überhaupt fortwährend an das Gewissen des Gott ebenbildlichen Menschen ergeht und darin sich als das Urlicht des Wahren und Guten kund thut (Röm. 1, 19. 2, 15. Joh. 1, 4. 9); und b) die besondere, die positive Offenbarung, welche erst innerhalb eines bestimmten, dazu erwählten und bereiteten Volkslebens sich hält, hier sich periodisch und stufenweise vollzieht, bis sie in Christo ihren persönlichen Abschluß und ihre Vollendung erhält, um von da aus als die Heilskunde vom Reiche Gottes sich über die Erde unter allen Völkern auszubreiten (Hbr. 1, 1. 2. Matth. 11, 7. Mac. 1, 15. Matth. 28, 19). — Lessing macht nicht ausdrücklich den angegebenen Unterschied der Offenbarungsweisen; aber er setzt, wie wir gesehen haben, stillschweigend eine innere Offenbarung in der Vernunft voraus, und lehrt bestimmt, daß die geschichtliche, die positive Offenbarung einen gewissen pädagogischen Stufengang inne halte (§ 5); in diesen Punkten können wir eine Uebereinstimmung seines Offenbarungsbegriffs mit der Schriftlehre finden; aber bedeutend ist die Differenz zwischen seiner Ansicht und der Bibel rücksichtlich des Gehaltes der positiven Offenbarung. Nach Lessing besteht die Offenbarung in der Mittheilung von Vernunftwahrheiten (§ 70) und muß nach dem § 76 darüber

Gesagten als „die göttliche vorsehungsvolle Zeitigung der Vernunfterkenntniß" bezeichnet werden (Nitzsch, Syst. b. chriftl. Lehre. Aufl. 4. S. 68); daraus erklärt sich, daß er in der Offenbarung nichts als Erziehung sieht (§ 1), und in dieser nur Unterricht und Lehrübung findet (§ 44); nach der heiligen Schrift hingegen besteht die Offenbarung in der Kundmachung von Heilswahrheiten und in der Enthüllung von Heilsthatsachen (Nitzsch a. a. O. S. 62), geht also mit nichten in der Erziehung auf und hat keineswegs bloß den Zweck der Lehrübung, sondern vor Allem der Gewissensübung, der Schärfung des Gewissens zum Behufe des Ergreifens des vollen Heils in Christo. — Soll es nun zu einem gläubigen Ergreifen des Heils kommen, so muß die von außen vernommene Verkündigung desselben sich uns in dem innersten Gewissen vor Gott als Wahrheit erweisen (2. Kor. 4, 2), und wenn das Heil durch seine Wirkung auf uns und an uns den Beweis seiner Wahrheit selbst führt (1. Kor. 2, 4), so ist es dann allerdings möglich, die Heilsthatsache in ihrem übersinnlichen Grunde und in ihrem historischen Zusammenhange tiefer zu erforschen, aber nie kann es einem gläubigen Christen in den Sinn kommen, die Offenbarungswahrheiten in Vernunftwahrheiten zu verwandeln; denn das hieße von dem Standpunkte der Erfüllung auf den der Weissagung und der Hoffnung, d. i. auf den eines bloßen Ideals zurücktreten und so sich selbst des vollen Heils berauben. Und eben so wenig kann es ihm in den Sinn kommen, „die Offenbarungswahrheiten aus anderen ausgemachten Wahrheiten herzuleiten"; denn die geschichtliche Offenbarung kann zwar der allgemeinen Offenbarung Gottes in der Welt und in dem Gewissen nicht widersprechen (Ulrici in Herzog's R.=E. IX S. 358), aber dessen ungeachtet bleibt es schlechthin unmöglich, die Heilsoffenbarung aus der allgemein menschlichen Offenbarung abzuleiten; das hieße völlig verkennen, daß die Offenbarung, „wovon die Rede ist, ... nicht ein nothwendiges Ereigniß, sondern die Manifestation des allerfreiesten, ja persönlichen Willens der Gottheit sei" (Schelling, Philof. b. Offenb. S. Werke IV. S. 11. 12); das hieße nicht beachten, was Röm. 16, 25. 1 Kor. 2, 9. geschrieben steht.

3. Fragen wir nun noch nach dem Grunde dieser Differenz, so werden wir sagen müssen, es liege der Grund darin, daß Lessing die Religion fast ausschließlich in dem Erkennen suchte, und die Moral für die Grundlage aller Religionen hielt (Nitzsch, a. a. O.

S. 68. H. Ritter, a. a. O. S. 40). Nach der heiligen Schrift aber soll die Religion nicht bloß die Angelegenheit einer einzelnen Geistesthätigkeit sein, sondern des ganzen Menschen; weßhalb gefordert wird, daß wir Gott das Herz (das Centrum) hingeben (Spr. 23, 26), nicht um moralisch zu werden, sondern um vorerst gereinigt zu werden (Apost. 15, 9). So erklärt es sich, wie es gekommen ist, daß Lessing das Heilsbedürfniß, welches sich zuerst in dem Herzen regt, nicht als das Entscheidende erkennt; so erklärt es sich ferner, wie es gekommen ist, daß er in der inneren Offenbarung das Hauptgewicht auf die intellectuelle Seite derselben, auf die Vernunft legt, dagegen die ethische Seite, das Gewissen, welches uns die Schuld vorhält, gar sehr zurücktreten läßt. Diese Stellung Lessings zu dem Gewissen wird also der Grund zu seiner einseitigen Auffassung der Religion, und damit zugleich der Grund der oben nachgewiesenen Differenz sein. — Aber sein Religions- und Offenbarungsbegriff stimmt nicht bloß nicht mit der Schrift, sondern auch nicht mit der Geschichte überhaupt, insofern selbst die heidnischen Religionen nicht ohne Heilsoffenbarung sein wollen (Auberlen, Die göttl. Offenb. II. S. 107); denn auch sie suchen in ihrer Religion nicht zunächst Sittenlehre, sondern Entsündigung. — Näher kommt Lessing der Wahrheit in den von Twesten zusammengestellten Sätzen (Dogm. d. evangel. luth. Kirche. 5. Aufl. 1. S. 19. 20 Anm.). „Wenn man auch nicht im Stande sein sollte, alle die Einwürfe zu heben, welche die Vernunft gegen die Bibel zu machen so geschäftig ist, so bleibt dennoch die Religion in den Herzen derjenigen Christen unverrückt und unverkümmert, welche ein inneres Gefühl von den wesentlichen Wahrheiten derselben erlangt haben." Er unterscheidet streng den Theologen und den Christen; jenem, meint er, könnten gewisse Einwürfe vielleicht zur Verwirrung gereichen, welche die Stützen, die er der Religion habe unterziehen wollen, zu erschüttern drohen: „aber was gehen den Christen dieses Mannes Hypothesen und Erklärungen und Beweise an? Ihm ist es einmal da, das Christenthum, welches er so wahr, in welchem er sich so selig fühlt. Wenn der Paralyticus die wohlthätigen Schläge des electrischen Funkens erfährt: was kümmert es ihn, ob Nollet oder Franklin, oder keiner von beiden Recht hat?"

III.
Der Urzustand.

Lessings oben dargelegte Ansicht von dem Urzustande des Menschen (S. 6. III. 2) stimmt
1) nicht mit der Lehre der **heiligen Schrift**, welche berichtet:
a) Daß die **ersten Menschen** (Gen. 1, 27), als sie in den Garten Eden, eine Anpflanzung Gottes, gesetzt wurden (2, 15), zwar noch nicht auf der Stufe der **sittlichen Vollkommenheit** standen, zu welcher der Mensch bestimmt ist (insofern diese Stufe nicht ohne seine **Mitwirkung** 'erstiegen werden kann); daß sie aber in dem von allen inneren und äußeren Störungen freien Stande der creatürlichen Vollkommenheit sich befanden, so daß sie nicht bloß die Offenbarung Gottes in der Natur und in dem Gewissen rein wahrnehmen konnten und wirklich wahrnahmen, sondern auch der Gnadengegenwart Gottes, welche zugleich **Erziehung** war (2, 9. 16. 17), wahrhaft inne wurden, — in dem Stande kindlicher **Unschuld** und seligen **Friedens** mit Gott, mit sich und unter sich), und mit der sie umgebenden Natur. Dies das Leben des Menschen in Eden, d. i. das Leben seiner **unmittelbaren Einheit** mit Gott; die ihm gestellte Aufgabe war nun, seine Sündlosigkeit zu **bewahren** (2, 15), und in Gehorsam gegen die göttliche Erziehung und mit Hülfe Gottes sich auf eine höhere Stufe des Lebens zu erheben. — In dieser Darstellung des Urzustandes liegt ausgesprochen, daß der sittliche Zwiespalt nicht **ursprünglich** zur menschlichen Natur gehörte, also nicht zum Wesen des Menschen gehört, und daß der Mensch auf der **ersten** Stufe seiner Menschheit sehr wohl Herr seiner reinen Triebe und Neigungen zu sein vermochte.

Anm. In dem ursprünglichen Zustande des Menschen war das Gottesbewußtsein nicht bloß ein kräftiges, sondern auch durch die beständige Beziehung zu Gott ein stetiges; sein Selbst= und Weltbewußtsein wurde eben darum von demselben stetig unmittelbar bestimmt, sowie sein Wollen und Begehren von demselben ebenso stetig unmittelbar geleitet; darin besteht die Vollkommenheit des Menschen als Creatur Gottes. Kind Gottes konnte er nicht ohne die eigne Mitwirkung, sollte er erst durch die bewußte und freie Selbsthingabe an Gott, durch die selbstbewußte Unterordnung seines Willens unter den göttlichen Willen werden (Baader, Philos. Schriften u. Aufsätze II. S. 157. Günther, Vorschule z. spec. Theologie II. S. 76). Es widerspricht aber dem Begriffe des Menschen als eines endlichen Vernunftwesens, daß er auf die besagte Stufe anders gelangen konnte als durch Erziehung d. i. durch Anregung von außen in einer sittlichen Gemeinschaft; und eine solche erziehende Anregung wurde auch den ersten Menschen zu Theil. Vgl. Staudenmaier, Encyclopädie d. theol. Wissenschaften S. 99. 253. Wuttke, Handbuch d. christl. Sittenlehre. Aufl. 1. I. S. 375.

b) Daß das erste Menschenpaar, von der Schlange verführt, durch einen schuldvollen Ungehorsam, also durch einen Mißbrauch der verliehenen Freiheit, in die Sünde gefallen (3, 1—13) und in Folge davon aus dem Paradiese verwiesen sei (V. 24). — Das über die Verführung des Menschen Gesagte ist keineswegs eine Erklärung des Bösen, sondern enthält vielmehr indirect eine Warnung vor einer Erklärung desselben, und ist zugleich eine Hinweisung auf einen jenseits der Menschenwelt eingetretenen Sündenfall als eine historische Thatsache. — Der Mensch ist nunmehr durch eigene Schuld der Sünde verfallen, hat aber nicht die Wahlfreiheit verloren, und damit die Macht behalten, zwar nicht Herr der Sünde zu werden, wohl aber ihr zu widerstehen (4, 7).

Anm. Nur die Möglichkeit des Bösen läßt sich philosophisch erweisen; dagegen der Eintritt der Sünde selbst, ihre Realität, läßt sich nicht als nothwendig construiren, da sie als Anwendung der Freiheit etwas Historisches bleibt (Rettberg, Religionsphilosophie S. 170). Aber die Thatsache der Sünde d. i. des positiven Ungehorsams oder Widerstandes gegen den göttlichen Willen hätte innerhalb des menschlichen Geschlechts nicht eintreten können, wenn nicht das allgemeine Princip der Möglichkeit eines solchen Widerstandes über alles creatürliche Dasein im ganzen Universum sich erstreckte (Weiße in J. H. Fichte's Zeitschr. f. Philosophie u. spec. Theologie X. S. 182). — Damit kann jedoch in keiner Weise gesagt werden, daß diese Möglichkeit irgendwo nothwendig wirklich werden mußte; vielmehr bezeichnen die Paradiesesbäume nur die verschiedenen Möglichkeiten creatürlicher Lebensstellung, und das Verbot Gen. 2, 16 bezeichnet, daß der Liebeswille des Schöpfers dem menschlichen Geschlechte ursprünglich eine reine, nicht aus Gut und Bös gemischte Lebensentfaltung zugedacht hat (Weiße, Philos. Dogm. II. S. 291). Der Mensch sollte die Möglichkeit der Sünde fühlen, aber die an der creatürlichen Freiheit ihrem Begriffe nach haftende Möglichkeit des Bösen durch freies Eingehen in den göttlichen Liebeswillen, mithin durch Freiheit selbst aufheben und sich so in den Stand der wahren Freiheit erheben (J. Müller, Die christl. Lehre v. d. Sünde. 1. Aufl. 1. S. 385). — Daß aber die ordnungmäßige Lebensentfaltung des vernünftigen Geschöpfes nicht eine bloß geforderte bleibt, sondern auch erreicht wird im Reiche Gottes, das beweist die Schriftlehre von den guten Engeln.

c) Daß der Mensch durch die Sünde zwar dem angedrohten Tode verfiel, aber nicht sich selbst und seinem Elende überlassen wurde; daß vielmehr der Menschheit im Kampfe mit der Sünde und dem Uebel, welches ihre Strafe ist und im Tode sich vollendet, der endliche Sieg über das verurtheilte Böse verheißen worden ist (3, 14—24). — Dieses sogenannte Protevangelium ist der Kern der ganzen Erzählung vom Sündenfalle, welche die Erlösungs= bedürftigkeit des Menschen eben so, als seine Erlösungsfähig= keit voraussetzt; die dort thatsächlich ausgesprochene enge Verknüp= fung des Gerichts und der Gnade ein Typus des Waltens Gottes in der ganzen Menschengeschichte, in der Erziehung des Menschen= geschlechts zum Heile.

Anm. Vgl. Oehler in Herzog's R.=E. IX. S. 409. 410. Die erste Heilsbotschaft des A. T. ist unmittelbar mit dem in Folge des Sündenfalls über den Menschen ausgesprochenen Fluche verknüpft. Die Stelle hat nach dem ganzen Zusammenhange symbolische Bedeutung; in dem Streite zwischen dem Menschen und der Schlange spiegelt sich der Kampf des Menschengeschlechts mit der Sünde und dem Reiche des Bösen. Daß der Schlange, während sie dem Menschen nur die vergleichungsweise leichte Fersen= wunde beibringt, der Kopf zerschlagen wird, will sagen, daß der Kampf auf Seiten des Menschengeschlechts siegreich sein wird, wenn auch der Sieg nicht ohne Schädigung errungen werden soll. Hiernach ist wirklich, wie die ältere Theologie lehrte, hier das πρῶτον εὐαγγέλιον enthalten. Von durchschlagender Bedeutung ist aber ferner, daß, wenn alles Uebel, das auf der Menschheit lastet und im Tode sich vollendet, eben nur Folge der Sünde ist, daraus nothwendig folgt, daß auch alles Heil, alle Aufhebung des Uebels, eben nur durch Ueberwindung der Sünde kommen kann; mit anderen Worten: die alttestamentliche Heilshoffnung ist durch Gen. c. 3 von Anfang an auf die sittliche Basis gestellt. — Es ist das Protevangelium freilich noch nicht eine bestimmte Verheißung des persönlichen Erlösers, wohl aber ein dunkler Hinweis darauf (Hävernick, Vorles. über die Theol. d. A. T. Aufl. 1. S. 114. 117). —

Lessings Ansicht von dem Urzustande des Menschen stimmt auch

2. nicht mit den Sagen und Mythen, welche bei den ältesten Völkern des Heidenthums gefunden werden, und welche, wie ver= schieden auch in einzelnen Punkten, doch alle darin einander ver= wandt sind:

a) Daß sie Erinnerungen an einen anfänglichen seligen Zustand der Menschen in der innigsten Gemeinschaft mit der Gottheit und mit höheren Mächten enthalten.

b) Daß sie erzählen, wie dieser selige Zustand aufgehoben sei infolge einer selbstischen Entfernung von der Gottheit.

c) Daß sie aber auch die aufrichtende Aussicht auf eine einstige Wiederkehr jenes seligen Zustandes bewahren. (Vgl. Solger's nachge=

lassene Schriften u. Briefwechsel. Herausg. v. L. Tieck u. F. v. Raumer. II. S. 709. 710. Krause, Philosophie der Geschichte. S. 314. 315).

Der Ausgangspunkt aller dieser Sagen ist die Erinnerung an einen unschuldsvollen Zustand der Menschheit; mögen diese Sagen hier als weiter gar nichts gelten denn als Sagen, so zeigt sich doch, daß diese Sagen so alt sind als unsere Geschichte. Ueber das Gewicht des consensus gentium s. Delitzsch, System d. christl. Apologetik S. 51. 52.

Endlich stimmt Lessings Ansicht
3. nicht gut zu seiner eigenen Hoffnung, daß die Erziehung das Ziel der Vollendung des Geschlechts erreichen werde (§ 82). Denn, wenn der Urzustand des Menschen nicht ein normaler war, so kann wohl im Fortschritte der Zeit eine hohe Stufe der Cultur, aber nimmermehr das angestrebte Ziel sittlicher Vollendung erreicht werden (Mehring, Religions-Philosophie. S. 288. 289).

IV.
Die alttestamentliche Offenbarungsstufe,

d. i. die Stufe, auf welcher die Offenbarung innerhalb eines bestimmten, dazu erwählten Volkes, nämlich des israelitischen, sich hält (s. oben S. 4 Nr. 2); es ist nach Lessing die erste Stufe der sittlich-religiösen Bildung der Menschheit auf dem Grunde der Offenbarung als Erziehung (oben S. 4 Anm.).

Es wurde früher Lessings Offenbarungsbegriff erörtert (s. oben S. 21 u. f.); prüfen wir jetzt dessen geschichtliche Anwendung auf das Alte Testament.

1. Das israelitische Volk. — Nach Lessing ist Israel das Volk, in welchem Gott die künftigen Erzieher aller übrigen Völker erzog (§ 18). Nach der heiligen Schrift dagegen ist es das Volk, in welchem der geschichtliche Boden für die Erscheinung des Erlösers vorbereitet werden sollte*), das Volk des Heils (Gen. 12, 3. Joh. 4, 22); die in Israel sich vollziehende Offenbarungsgeschichte ist also wesentlich Heilsgeschichte, welche aber von der nationalen Geschichte dieses Volkes wohl unterschieden, wenn auch nicht geschieden werden muß (Luthardt in den mit Kahnis und Brückner herausge-

---

*) Ein philosophischer Versuch, die geschichtliche Vorbereitung des Erlösers in der göttlichen Oekonomie des Alten Bundes zu erörtern, findet sich in Rothe's Theol. Ethik. III. Aufl. 2. S. 133. 134 Anm.

gebenen Vorträgen über „Die Kirche nach ihrem Ursprunge, ihrer Geschichte, ihrer Gegenwart." Aufl. 1. S. 9. 11). — Nach Lessing scheint die Erwählung des israelitischen Volkes auf einem beneplacitum Dei zu beruhen (§ 8); nach der heiligen Schrift wurde dagegen der Stammvater dieses Volkes erwählt, weil in demselben die nothwendige Empfänglichkeit für die Heilsoffenbarung vorhanden war (Hasse, Geschichte des Alten Bundes. S. 4. 5). Diese durch Gotteserkenntniß bedingte Empfänglichkeit war dem Abraham ermöglicht, weil er einem Geschlechte angehörte, in welchem den vielfach gestalteten Culten der heidnischen Völker gegenüber sich das ursprüngliche Gottesbewußtsein und damit zugleich die Offenbarung des Einen wahren Gottes, wenn auch nicht ohne alle Vermischung mit der Naturvergötterung, doch reiner als sonst irgendwo erhalten und fortgepflanzt hatte, dem Geschlechte Sems*).

2. Der Monotheismus. — Lessing sieht das Charakteristische des Alten Testaments hauptsächlich in der Lehre von der Einheit und den Eigenschaften Gottes (§ 43), und zwar mit Recht. Denn die alttestamentliche Religion ist wesentlich monotheistisch; es ist dies nicht etwa ein gelegentlicher Gedanke, sondern vielmehr die durchgängige Voraussetzung und Grundlage der alttestamentlichen Anschauung. Der alttestamentliche Monotheismus liegt bereits in den Gottesnamen: Gott ist der Gott der Welt, zugleich aber erhaben über dieselbe, also wesentlich unterschieden von ihr, ihr Schöpfer und Herr (Hävernick a. a. O. S. 43. Oehler in Herzog's R. E. X S. 197). Es wird dieser Monotheismus an vielen Stellen des Pentateuchs auch ausdrücklich ausgesprochen, und zwar sowohl in quantitativer Hinsicht, wie Deut. 4, 35. 32, 39 namentlich im Gegensatze zu dem heidnischen Polytheismus, als auch in qualitativer Hinsicht, sofern Gott der Einzige ist, mit dem Nichts verglichen werden kann, also der einzige Gegenstand, welcher der menschlichen Anbetung würdig ist; vgl. z. B. Deut. 6,·4. — Lessing stellt der alttestamentlichen Lehre von Gott die sinnlich-religiösen Vorstellungen des israelitischen Volkes gegenüber, welches vor den Zeiten

---

*) Gleichwohl war dieses, daß Abraham aus dem ganzen Zusammenhange der bisherigen, ins Heidenthum führenden Entwickelung herausgenommen wurde, ein Wunder, und das von ihm ausgehende Volk ist nicht bloß ein Volk des Wunders, weil in seiner Geschichte sinnliche Zeichen und Wunder vorkommen, sondern weil es selber ein historisches Wunder ist. Vgl. Martensen, Dogmatik. Aufl. 1. S. 262.

der babylonischen Gefangenschaft nicht einmal den wahren Begriff von der Einheit Gottes gehabt habe (§§ 34. 39); wir können darin eine gewisse Uebereinstimmung mit dem finden, was oben von der Nothwendigkeit einer Unterscheidung der Offenbarungsgeschichte von der nationalen Geschichte Israels gesagt ist (s. S. 28). — Dagegen müssen wir als nicht zutreffend bezeichnen, was § 9—13 behauptet wird: daß dem israelitischen Volke in Aegypten der Gott seiner Väter gänzlich unbekannt geworden sei; daß Gott diesem rohen Volke sich anfangs bloß als den Gott seiner Väter ankündigen ließ, darauf erst sich ihm als einen Gott, der mächtiger sei als andere Götter, als den Mächtigsten von allen bezeugte, und so allmählich zu dem Begriffe des Einigen gewöhnte. Nach dem Berichte der heiligen Schrift müssen wir vielmehr voraussetzen, daß die Israeliten dort die Neigung zum Bilderdienste hegten und in Gefahr waren, in das Idololatrische zu gerathen, daß aber das Bewußtsein von der Einheit Gottes nicht durchaus getrübt war, daß gerade unter dem Drucke die Sehnsucht nach dem den Vätern verheißenen Lande geweckt, und damit zugleich das monotheistische Bewußtsein wieder lebendiger wurde (Hasse a. a. O. S. 17. 18. 22). Anders hätten sie die Verkündigung Mosis gar nicht verstehen und im Glauben an die Verheißung ihm nicht folgen können; ähnlich wie in Abraham das einheitliche Gottesbewußtsein die nothwendige Voraussetzung war, um den an ihn ergangenen Ruf vernehmen und im Glauben demselben folgen zu können. Also war von Anfang an der wahre Monotheismus in Israel vorhanden und immer auch auf irgend eine Weise wirksam. Wollte man zu Gunsten Lessings sich darauf berufen, daß auch im A. T. die Götter des Heidenthums als Götter gelten, und Jehova nur der höchste und mächtigste Schutzgott ist, so muß bemerkt werden, daß das A. T. eine doppelte Anschauung enthält: einmal sind die Götter des Heidenthums an sich nichtig; sodann haben sie andrerseits eine gewisse Realität und Macht über das Bewußtsein der Völker, welche ihnen im Herzen dienen, verlieren aber diese Macht in dem geschichtlichen Kreise der Offenbarung über die, welche wahrhaft an Jehova glauben (Hävernick a. a. O. S. 46. 47). Es erhellt also, daß das A. T. nicht für Lessings Ansicht spricht. — Doch liegt in seiner Behauptung die Wahrheit, daß in der Offenbarung ein Stufengang stattfindet (§ 5), insofern die Grunderkenntniß d. i. die Erkenntniß Gottes sich in stufenmäßigem Fortschritt entfaltet; denn der alttestamentliche Gottesbegriff ist nicht ein abstracter, sondern ein lebendiger, der dem Bewußtsein je nach der Empfänglichkeit sich erschließt an der Hand der Geschichte, der göttlichen Führungen. In diesem Sinne stimmen wir Lessing bei in dem, was er über die von Wundern*) begleitete Führung des Volkes aus Aegypten und dessen Einsetzung in Kanaan sagt (§ 12). Denn der Auszug des Volkes Israel aus Aegypten b. i. die Absonderung aus den götzendienerischen Völkermassen und das mit dieser göttlichen Befreiungsthat im Zusammenhange stehende Werk der Begründung des Gesetzes für dieses Volk sind epochemachende Begebenheiten, durch welche das Gottesbewußtsein des Volkes auf eine höhere Stufe erhoben wurde, als auf welcher dasselbe in dem Zeitalter der Patriarchen stand. (Vgl. Hävernick a. a. O. S. 43. 44. Hasse a. a. O. S. 19). Aber der Gottesbegriff des A. T. war auch noch nicht abgeschlossen, sondern auf der Basis des Gesetzes entwickelte er sich von jetzt an immer tiefer, am tiefsten bei

---

*) S. oben S. 29 Anm. Die in Abraham begonnene Aussonderung des Gott geweihten Volkes von den götzendienerischen Heiden war nun vollendet; diese Aussonderung und die Begründung des Gesetzes für dieses Volk sind das Haupt- und Grundwunder des A. T. — Lessing sieht die Wunder nicht, wie die Aufklärer, als willkürliche Zusätze menschlicher Weisheit zur natürlichen Religion an; aber er läßt sich nicht weiter darauf ein, ob dabei auch eine göttliche setzende Thätigkeit stattgefunden habe, er läßt das auf sich beruhen (Dorner a. a. O. S. 725). „Wunder", sagt ein unbetheiligter Philosoph, „sind Begebenheiten, welche Gott im Gebiete des Naturlebens, Geistlebens und Menschlebens, in Mitwirkung der Lebenskräfte der endlichen Wesen, und gemäß der von Gott selbst ewig verursachten ewigen Gesetze des endlichen Lebens, nach dem höhern Zwecke seines individuellen Rathschlusses, durch unmittelbare und mittelbare freie Einwirkung — — bewirkt — —; Begebenheiten also, die ohne Gottes indibiduelles Einwirken, durch die Lebenskräfte der endlichen Wesen nicht erfolgen können." Krause, Die absolute Religionsphilosophie II. 1. S. 276. Dazu Rothe a. a. O. III. Aufl. 2. S. 129. — Die Erkenntniß der Wunder ist wesentlich bedingt durch das monotheistische Bewußtsein. „Die Heiden sehen wohl die Wunder, staunen sie an, aber sie wissen nicht, wie sie damit daran sind, sie haben keinen Gewinn und Segen davon." Hävernick a. a. O. S. 70. — „Auch die heidnische Welt hatte ihre portenta, prodigia und miracula — — Aber die religiöse Erfahrung des Heidenthums hat mit diesen nur äußeren, sinnlichen Wundern nichts Wesentliches gemein, und umgekehrt die Wunder nichts mit ihr. Es sind zwar σημεῖα und τέρατα, wodurch die Götter äußerlich in die Geschicke der Menschen eingreifen, aber es sind nicht ἔργα καὶ δυνάμεις, welche mit der Macht zugleich das Wesen, mit dem vorübergehenden, zugleich den bleibenden Willen der Gottheit den Menschen offenbaren." Weiße Philos. Dogm. I. S. 91.

den hohen Propheten an den im Lichte des Glaubens an die Verheißung geschauten Thaten Gottes d. i. Seiner Gerichte und Gnadenerweisungen. — Wenn nun aber von Anfang an der Monotheismus in Israel ein wahrer gewesen ist, wie erklärt sich dann der so häufige Abfall des Volks in Abgötterei? Nicht aus dem Grunde, den Lessing für die einzige wahre Ursache hält (§ 15), überhaupt nicht aus einem theoretischen Grunde, sondern aus der Eigenthümlichkeit des alttestamentlichen Monotheismus, welcher mehr forderte als die bloße Anerkennung des Einen Gottes, welcher ein wesentlich ethischer ist, welcher in der engsten Verbindung mit dem Gesetze steht und den Einen zugleich als den Alleinigen auch in ethischer Hinsicht setzt, der allein ethisch erkannt werden sollte. Diese wesentlich sittliche Forderung scheiterte aber immer an der Neigung des von Gott abgekehrten Willens, an der Herzensrichtung des Volks (Hävernick a. a. O. S. 46). Dies also war der einzige Grund des häufigen Abfalls, nicht ein theoretischer, sondern ein praktischer. Da nun das Volk auf die göttliche Forderung nicht hören wollte, so mußte es die Zuchtruthe fühlen, welche in den Weltmächten, mit denen es von Zeit zu Zeit in Berührung kam, bereit stand (Kurtz, Lehrb. d. heil. Geschichte. Aufl. 2. S. 85. 86). Hier war nun allerdings der Ort die Offenbarungsgeschichte als Erziehungsgeschichte zu betrachten. Lessing thut es, aber wie? Ehe wir dies betrachten, werfen wir einen Blick auf das Gesetz und die Lehre des A. T. von der Unsterblichkeit der Seele.

3. Das Gesetz. — Nächst dem Monotheismus sieht Lessing das Charakteristische der alttestamentlichen Religionsstufe darin, daß auf derselben der Mensch zur Erfüllung des sittlichen Gesetzes lediglich bewegt werde durch die Aussicht auf irdisches Glück; noch konnte Gott, meint Lessing, seinem Volke keine andere Religion, kein anderes Gesetz geben, als eins, durch dessen Beobachtung und Nichtbeobachtung es hier auf Erden glücklich oder unglücklich zu werden hoffte oder fürchtete (§ 17); einer anderen moralischen Erziehung wäre das so rohe, zu abgezogenen Begriffen ungeschickte israelitische Volk nicht fähig gewesen, als einer Erziehung durch unmittelbare sinnliche Strafen und Belohnungen (§ 16). — An dieser Meinung müssen wir so viel als richtig anerkennen, daß die Forderungen des Gesetzes unter Verheißung und Drohung verkündigt worden sind; müssen aber zugleich das, was eigentlich seine Meinung ist, daß im Sinne des Gesetzes der Mensch dasselbe bloß des irdi=

schen Wohlergehens wegen erfüllen solle, als nicht geschichtlich begründet bezeichnen, denn das Grundgesetz, der Dekalog*), die Grundlage der ganzen Gesetzgebung, stellt in seinem Ausgange, indem selbst das Begehren dessen, was des Anderen ist, verboten wird, die Innerlichkeit des von dem Gesetze geforderten Gehorsams ins Licht und bezeugt dadurch, daß die Erfüllung des Gesetzes nur in der Heiligung des Herzens zum Abschlusse komme (Oehler, Real=Enc. III. S. 323. Hasse a. a. O. S. 29). Diese Heiligung kommt aber nur zustande, wenn der Mensch das erste Gebot erfüllt, Gott, den schlechthin Heiligen erkennt und in Ihm sein höchstes Gut liebt. — Die vielen gottesdienstlichen und bürgerlichen Verordnungen, mit denen das Grundgesetz umgeben ist, sollen den Israeliten bei jedem Schritte im Leben an Gott als den heiligen Gesetzgeber erinnern und zur Schärfung des Gewissens dienen (s. oben S. 22, Nr. 2. g. E. Dazu Oehler a. a. O. XVII. S. 254). In der stetigen Weckung des sittlich=religiösen Bewußtseins liegt die pädagogische Aufgabe des geoffenbarten Gesetzes an einem rohen Volke, welches von der Heidenwelt und ihrer Naturvergötterung abgesondert und schrittweise von dem äußeren Werke zur Innerlichkeit und Geistlichkeit geführt werden soll; diese Aufgabe bringt es mit sich, daß die Forderungen des Gesetzes mit Strenge geltend gemacht werden, so daß sie zeitweilig als Zwangsgesetze erscheinen können. Als Zwang jedoch erscheint das Gesetz nur denen, welche ihm gegenüber dem natürlichen, egoistischen Willen nachgeben (Ps. 32, 9). Anders wird der Zwang, den das Gesetz nicht wider, sondern für die Freiheit enthält, dagegen von denen empfunden, welche seinen Forderungen sich willig fügen und denselben thätig nachzukommen trachten; denn diese machen, je ununterbrochener sie in solchem Gehorsame sich aufrichtig üben, um so fühlbarer die Erfahrung, daß der Zwang des Gesetzes an sich wirkliche Befreiung ist, nicht aus der Botmäßigkeit der Aegypter, sondern geistige Befreiung aus dem Dienste der Sinnlichkeit, der Naturgewalt, des Un= und Aberglaubens (Staudenmaier a. a. O. S. 265. Geist der göttlichen Offenbarung. S. 176). Diesen erweist das Gesetz sich im Gewissen als Wahr-

---

*) Die zehn Gebote sind zwar zunächst den Juden gegeben; sie meinen aber den Menschen in dem Juden und handeln von allgemein menschlichen Beziehungen zu Gott. (v. Zezschwitz, Zur Apologie des Christenthums. S. 28). Zur Verbindung des positiven Gesetzes mit dem Gewissensgesetze vgl. Deut. 30, 11—13.

heit (Pf. 119, 131). So entsteht Lust zum Gesetze, Freude am Gesetze (Pf. 1, 2). Das ist die Gesetzesfreude, die sich in manchen Liedern der alttestamentlichen Frommen ausspricht, z. B. in Pf. 19, 8—11. Aber je mehr man sich von den heidnischen Gräueln rein hält und je genauer man es mit der Erfüllung der Gebote Gottes nimmt, desto mehr erkennt man, daß die Reinheit, die man erlangt hat, noch nicht die Reinheit ist, welche das Gesetz fordert, daß jene Reinheit doch nur eine äußerliche ist, eine Reinheit vor den Menschen, nicht eine Reinheit dem inneren Wesen des Herzens nach, nicht eine Reinheit vor Gott; desto mehr macht man die schmerzliche Erfahrung der Sünde. So sind die Bußpsalmen eine Frucht des Gesetzes im Gewissen der alttestamentlichen Gläubigen (vgl. Auberlen in den von ihm, Geß u. A. herausgegebenen Vorträgen: Zur Verantwortung des christl. Glaubens. S. 105). In diesen Psalmen finden wir eine Tiefe der Sündenerkenntniß, wie sie sonst nirgends im Alterthume anzutreffen ist, und eben darum ein inniges Verlangen und Schreien nach Gerechtigkeit, wie sonst nirgends, und weiter ein dringendes Bitten und Flehen um Vergebung und Versöhnung, wie außerhalb Israels sonst nirgends in der alten Welt. In den Symbolen des Cerimonialgesetzes ist nun zwar ein Unterpfand der göttlichen Gnade gegeben; allein das Gesetz bot doch dadurch zunächst nur eine äußere Reinigung von Uebertretungen dar, verlieh aber noch nicht die wirkliche Versöhnung und Erlösung; wohl aber gab es eine Vorausdarstellung derselben in sinnbildlicher Weise*). Ebenso war die von den Frommen innerlich gesuchte und auch erfahrene Vergebung noch nicht die völlige Vergebung, weil unter dem Gesetze der Wille des Menschen im tiefsten Grunde noch nicht Eins ist mit dem göttlichen Willen (Martensen, Die christl. Ethik. I. 1873. S. 527). So konnten denn unter dem Gesetze den Gläubigen die in dem Kampfe der irdischen Sehnsucht erfahrenen Gnadenerweisungen nur werden zu der zuversichtlichen Hoffnung auf eine einstige völlige Versöhnung und Erlösung (Pf. 130, 8). Aber die gesetzliche Anstalt will auch noch nicht eine Heilsanstalt in vollem Sinne, sondern nur eine Vorstufe zu derselben sein; deßhalb schließt an das Gesetz sich auch die Weissagung an durch Gründung des

---

*) Hävernick a. a. O. S. 128. Oehler a. a. O. X. S. 620. 632. Nitzsch, Academische Vorträge über die christl. Glaubenslehre. S. 67. Auberlen a. a. O. S. 106. Das Cerimonialgesetz soll demnach das Schuldbewußtsein lebendig erhalten, hat also wesentlich einen sittlichen Zweck.

Prophetenthums (Deut. 19, 9—22. Dazu Oehler a. a. O. XII. S. 211. Weiße a. a. O. I. S. 101). — So viel ergibt sich aus den obigen Nachweisungen jedenfalls, daß der Dekalog, das Grundgesetz, nichts Geringeres fordert als sittliche Vollkommenheit, und daß die Frommen in Israel das Gesetz nicht bloß zu erfüllen strebten um des zeitlichen Wohlergehens willen. —

4. Die Lehre des Alten Testamentes von der Unsterblichkeit der Seele. — Nach Lessing konnte von der Unsterblichkeit dem rohen israelitischen Volke noch Nichts geoffenbart werden, weil es für diese Lehre nicht reif und keiner anderen moralischen Erziehung fähig war als derjenigen durch unmittelbare sinnliche Vergeltung (§ 17; dazu § 16). Aus diesem Gesichtspunkte vertheidigt er gegen den Fragmentisten (s. oben S. 8. Anm.) die Bücher des Alten Testaments; es könnten jene Lehren von der Unsterblichkeit der Seele und künftigen Vergeltung gar wohl in diesen Schriften mangeln, aber enthalten dürften diese schlechterdings Nichts, was das Volk, für das sie geschrieben waren, auf dem Wege zu dieser großen Wahrheit auch nur verspätet hätte (§ 27) Dies ist auch nicht der Fall (§ 43). Als eine dritte Eigenthümlichkeit der alttestamentlichen Offenbarung können wir daher — im Sinne Lessings — neben den sinnlichen Strafen und Belohnungen das Verschweigen der Unsterblichkeitslehre nennen. — Prüfen wir nun im Lichte der heiligen Schrift seine Meinung über den besagten Punkt. Darin müssen wir ihm Recht geben, daß in den Büchern Mosis die Unsterblichkeit nicht direct gelehrt wird, aber durchaus bestreiten, daß das den von ihm angegebenen Grund hat (§ 16). Es hat einen ganz anderen Grund. Was das Alte Testament von dem Zustande des Menschen nach dem Tode lehrt, hängt zusammen mit den Lehren von dem Wesen des Menschen, vom Urzustande, von der Sünde und vom Tode (s. oben S. 26 f. Oehler a. a. O. XXI. S. 409.) Weil also der Tod*) keineswegs der natürliche und nothwendige Begleiter menschlicher Existenz ist, sondern erst als Folge der Sünde und deren

---

*) Der leibliche Tod als Folge der Sünde ist gemeint, aber auch die Zerstörung des geistigen Lebens: der ganze Lebensproceß ohne Gott. — Der Fragmentist gibt den Schriftstellern des A. T. Schuld, daß sie die Unsterblichkeit der Seele nicht nur nicht lehren, sondern sie auch leugnen. Gegen diese Beschuldigung sind die Paragraphen 43—46 gerichtet. (Vgl. Guhrauer, Lessings Erziehung u. s. w. S. 112). Andere haben bloß gemeint, daß das A. T. die Unsterblichkeit der menschlichen Seele nicht lehre; gegen diese Meinung spricht die

Strafe eingetreten ist, so hat die Theokratie die Hauptaufgabe, dem gegenwärtigen Leben die rechte Richtung zu geben. Dem soll auch die Vergeltungslehre dienen. Der Pentateuch lehrt allerdings zunächst die diesseitige Vergeltung; aber indem derselbe die Lehre von der diesseitigen Vergeltung beständig und geflissentlich einprägt, wird dadurch zugleich der Glaube an die ewige Vergeltung pädagogisch vorbereitet (Hengstenberg, Commentar über die Psalmen. IV. 2. S. 314. 315). Denn wo jene Lehre erst Wurzel geschlagen hat im Gemüthe, da keimt erfahrungsmäßig von selbst dieser Glaube, wie das auch der Fortgang der alttestamentlichen Geschichte zeigt. So sagt Ps. 37, 1. 2, der Ausgang scheidet die Gerechten und Uebelthäter; wie Gras werden sie schnell abgehauen. Ps. 4, 8. 65, 4 zeigt den Gegensatz des Glückes ohne Gott und des Unglückes mit Gott; das letztere ist besser als jenes. Ps. 34, 20: Der Gerechte muß viel leiden, aber der Herr hilft aus dem Allen; hier wird die Strafgerechtigkeit als verhüllte Gnade aufgefaßt und das Leiden als heilsame Züchtigung empfunden (Hävernick a. a. O. S. 102). Als Prüfungsleiden werden die Uebel auch in dem Buche Hiob (§ 29) gefaßt. — Wo unter den Segnungen der Theokratie solche Erfahrungen gemacht werden und von den Frommen solche Zuversicht auf Gott gewonnen wird, da mußte wohl auch die Hoffnung auf die Errettung aus dem Todeszustande des Hades endlich errungen werden. Ps. 16, 15. 16. Aus dem erfahrenen Heile in der Gemeinschaft mit Gott erhebt sich die Hoffnung, daß diese Gottesgemeinschaft eine unauflösliche sein, sich als eine den Tod überwindende Macht offenbaren werde. Vgl. Ps. 17, 15: „Ich werde in Gerechtigkeit schauen dein Antlitz, will mich sättigen beim Erwachen an deiner Gestalt"; das Schauen des Antlitzes und das Sichsättigen an seiner Gestalt ist die stärkste Bezeichnung des Innewerdens der göttlichen Gnadengegenwart; es liegt daher nahe, das Erwachen auf das Aufwachen aus dem Todesschlafe zu beziehen. Ps. 49, 16 spricht der Psalmist die zuversichtliche Hoffnung aus, daß es für ihn eine Erhebung aus dem Hades zu einem höheren Leben geben werde. Ps. 73, 24. 25. 26; man mag darüber streiten, ob

durch das ganze Alte Testament gehende Vorstellung von einem Reiche der Todten ... „Ja, man darf wohl sagen, die Fortdauer des Menschen nach dem Tode werde im A. T. so sehr als etwas Selbstverständliches behandelt, daß das Daß derselben nicht einmal Gegenstand des Zweifels war ... Nur auf das Wie beziehen sich die Zweifel, mit denen der israelitische Geist ringt. — Oehler a. a. O. S. 411.

in V. 24 von irdischer oder jenseitiger Vollendung die Rede ist, jedenfalls sprechen die Worte V. 25 das Bewußtsein aus, daß Gott das höchste Gut ist, und V. 26 die tröstliche Zuversicht, daß, ob auch dem Frommen das Herz im Tode breche, seine Gemeinschaft mit Gott nicht gelöst werden könne. Die unerläßliche Bedingung solcher Zuversicht ist die Gewißheit, daß Gott, der schlechthin Gute, nur denen gut ist, die Ihm anhangen, Ihm angehören (Israel) d. i. die reines Herzens sind (V. 1). — Schon aus den obigen Stellen erhellt, wie auf dem Grunde der Vergeltungslehre, welche Lessing nur für ein rohes Volk passend hält (§ 16), sich die Frommen dieses Volkes zu der Hoffnung auf eine selige Unsterblichkeit erhoben haben, und daß seine Meinung, die Juden seien erst unter den Chaldäern und Persern mit der Lehre von der Unsterblichkeit der Seele bekannter geworden (§ 42), als geschichtlich unrichtig bezeichnet werden muß (Klostermann, Die Hoffnung künftiger Erlösung aus dem Todeszustande bei den Frommen des Alten Testamentes. S. 3). — Aber freilich finden wir auch, daß neben dem Triumphe des Glaubens über Tod und Scheol auch die Klage über das Dunkel des Todtenreiches laut wird, daß neben der Hoffnung einer seligen Unsterblichkeit sich auch die Furcht vor dem schrecklichen Tode immer wieder regt, namentlich in Pf. 88. Es sind zwar nicht dieselben Persönlichkeiten, welche jene Hoffnung, und welche diese Furcht aussprechen; aber wir können aus solchen contrastirenden Aeußerungen doch wohl schließen, daß das freudige Bewußtsein über den Tod nicht das vorherrschende, jedenfalls nicht das allgemeine in Israel war. Vorherrschend war vielmehr das Bewußtsein von dem Schrecken des Todes und der Kampf dagegen (Hävernick a. a. O. S. 107). — Wie sollen wir uns das erklären? Wie konnte z. B. die Klage Pf. 88, 11 laut werden: „Wirst du an den Todten Wunder thun? Oder werden Schatten aufstehen und dich preisen?" da doch die Propheten, zumal die späteren, bestimmt die Auferstehung der Todten weissagten? Allein hier müssen wir uns erinnern, daß die Heilsweissagung der Propheten es zunächst nicht mit der persönlichen Fortdauer der Individuen, sondern mit der Unvergänglichkeit der Gemeinde zu thun hat, daß diese prophetische Verkündigung auf die Wiederherstellung des erstorbenen Volkes, auf die diesseitige Vollendung der Gemeinde geht (vgl. Oehler a. a. O. XXI. S. 416. 417). In den oben angeführten Stellen aber ist von der jenseitigen Vollendung des Individuums die Rede. Die nie bezweifelte Fortdauer der Seele nach dem Tode, die Fortdauer an und für sich ist nach der

Voraussetzung des Alten Testamentes noch keine Seligkeit, sondern nur gleichsam eine Schattenunsterblichkeit. Aller Segen im theokratischen Sinne concentrirt sich in dem Namen Jehova und dessen Besitze; alles Heil, alle Seligkeit beruht auf der Gemeinschaft des Menschen mit Gott dem Herrn. Nun entsteht aber für den israelitischen Geist die Räthselfrage, ob diese Gottesgemeinschaft auch jenseits bleibe; die bejahende Lösung der aufsteigenden Räthsel ist in den bezeichneten Psalmstellen gewonnen aus den Glaubenserfahrungen der Frommen, ist also eine subjectiv=persönliche*), noch ohne objective Bürgschaft, mithin die so gewonnene Hoffnung auf eine selige Unsterblichkeit, wie gewiß dieselbe immerhin den Frommen ist**), doch noch ohne ein directes Gotteswort, auf welches sie sich stützen könnte; daher der oft wiederkehrende Wechsel zwischen Hoffnung und Schrecken, zwischen Glauben und Zweifel; eine objective Bürgschaft konnte dem Glaubenspostulate nur gegeben werden in dem Factum der von den Propheten geweissagten Todesüberwindung***).

Während die Frommen in Israel sich in der Glaubensgemeinschaft mit dem Herrn selig fühlten, und in der Kraft dieser Gemeinschaft getrost dem Jenseits entgegensahen, oder doch mit den Zweifeln an einer zukünftigen Erlösung aus dem Todeszustande ernstlich rangen, fiel die Masse des Volkes öfter in Götzendienst oder beobachtete doch nur äußerlich die theokratischen Ordnungen. Da es nun auf die Stimme des Gesetzes und der Propheten nicht hören wollte, so trat das Exil ein, auf welches schon oben (IV. 2. S. 32) hingedeutet wurde.

5. **Das babylonische Exil.** — Nach Lessing erscheint das Exil fast als ein bloßes bene placitum Dei†) (§ 19) und zwar

---

*) Oehler a. a. O. XXI. S. 420.
**) Nitzsch a. a. O. S. 64. 65.
***) Oehler a. a. O. XVII. S. 257: „Für eine inhaltsvolle Unsterblichkeitshoffnung, die nicht erstehen konnte außerhalb des Zusammenhangs mit dem Factum der Todesüberwindung, wird doch der Grund gelegt durch Stiftung einer Gemeinschaft des Menschen mit Gott, dem ewig Lebenden, die ihrer Unvergänglichkeit zunächst in der durch die Ewigkeit Gottes verbürgten ewigen Dauer seines Volks gewiß wird (vergl. Ps. 102, 28 f.), aber, je intensiver sie sich in der weiteren Entwickelung der alttestamentlichen Religion auch dem einzelnen Frommen zu erfahren gibt, in demselben Maße auch die Ahnung der ewigen Bestimmung des Individuums zu erwecken im Stande ist."
†) Aehnlich, wie die Erwählung des Volkes s. oben IV. 1. S. 29. Es ist hier aber die Vorstellung von einem s. g. bene placitum Dei zu entfernen,

zum Behufe einer erziehlichen Belehrung (§ 34); nach der heiligen Schrift hingegen ist das Exil eine von den Propheten verkündigte Strafe für die Untreue des Volkes und eine Züchtigung (Hasse, a. a. O. S. 131. 143). — Ungeachtet dieser nicht unbedeutenden Differenz stimmt Lessing, was die Wirkung des Exils betrifft, doch im Allgemeinen mit der Geschichte, wenn er sagt, daß die Juden nun in der Fremde auf einmal das Gute erkannten, was sie in ihres Vaters Hause gehabt, aber nicht erkannt hatten (§ 19), und daß sie nun als ein ganz anderes Volk, als sie gewesen, in die Heimath zurück= kehrten (§ 40) b. i. vielfach geläutert. Denn die Schrift bezeugt die durch das Exil hervorgebrachte Umwandlung in der Sinnes= und Denkungsart des Volkes (Pf. 119, 67). Freilich nahm die Sehnsucht nach der Heimath meist eine irdische Richtung, aber Abscheu vor Abgötterei war doch gewonnen. Auch regte sich bei manchen Exulanten ein glühender Nationalhaß gegen die Babylonier und die= jenigen Völker, welche diese bei der Zerstörung Jerusalems unter= stützt hatten (Pf. 137); solchen fanatischen Eiferern mußte dann die Wahrheit vorgehalten werden: Gott behandle auch die Ausländer mit Schonung; die ihnen gedrohten Strafen würden nicht an ihnen vollzogen, sobald sie Reue und Umkehr an den Tag legten (das Buch Jona). Allmählich wich der fanatische Haß hie und da einer sanften Stimmung, welche bei den edler gesinnten Exulanten zu einer stillen in Gott getrösteten Wehmuth wurde, wie wir das aus vielen Stellen des angeführten 119. Psalms schließen können. Dies mag genug sein zur Bezeugung, daß Lessing's Ansicht von der religiösen Wir= kung des Exils auf die Juden nicht ungeschichtlich ist.

Dagegen ist durchaus ungeschichtlich, was er als die Ursache des besagten Umschwunges in der Denkungsart des Volkes während des Exils behauptet: den Juden nämlich wäre die ihnen gewordene Offenbarung erhellt durch die Vernunft der Perser, mit denen sie in Berührung gekommen in der Gefangenschaft (§ 35. 36); nun hätten die Juden auf Veranlassung der reinen persischen Lehre in ihrem Jehova nicht bloß den größten aller Nationalgötter, sondern Gott erkannt (§ 39). Mögen die Perser immerhin eine reinere Lehre gehabt haben, als andere Heiden, so war ihre Lehre doch Heidenthum, dessen Wesen im tiefsten Grunde pantheistisch ist; der

---

und noch mehr die Vorstellung von einer Nothwendigkeit abzuwehren, als wäre die Offenbarung ein Naturproceß.

alttestamentliche Gottesbegriff dagegen ist wesentlich theistisch (s. oben IV. 2. S. 29); die Juden also konnten in religiöser Hinsicht von den Persern *) keine Belehrung empfangen; auch bedurften sie nicht der Belehrung, wohl aber der Gewissenserregung. Die einzig wahre Ursache jenes Umschwunges ist vielmehr diese: dem israelitischen Volke war durch das Gesetz, welches wie ein Zaun dasselbe umgab, ein einzigartiges, unheidnisches Gepräge aufgedrückt, so daß in diesem Volke der Monotheismus nie ausstarb, sondern zu allen Zeiten in irgend einer Weise wirksam war, und nun gerade jetzt, durch seine Lage veranlaßt, ihm so lebendig ins Bewußtsein trat, wie je, so daß es in Folge davon seine Verschuldung empfand und in den vergangenen Gerichten die Wahrhaftigkeit des Weissagungswortes erkannte (Auberlen a. a. O. S. 165. Oehler a. a. O. XVII. S. 273). Mit der Reue wuchs das Vertrauen auf die Gnade Gottes und die Hoffnung auf die Rückkehr ins Vaterland. Zur Erhaltung und Vertiefung solcher Gesinnung waren vorzugsweise die Propheten thätig, welche Gott unter den Exulanten erweckte. Von der größten Bedeutung war es, daß durch die Verpflanzung des Prophetenthums auf heidnischen Boden, namentlich in das Hauptgebiet der alten Mantik, den Heiden selbst eine Leuchte des göttlichen Wortes aufgerichtet und ihren Wahrsagern und Zeichendeutern Gelegenheit gegeben wurde, mit der Offenbarung des lebendigen Gottes sich zu messen. So entstand ein Kampf zwischen den Propheten Israels und den Wahrsagern des Heidenthums. Eine Siegesfrucht dieses Kampfes ist die Befreiung des Volkes durch Cyrus**) (Oehler a. a. O. XII. S. 230. 231).

*) Die ganze Religion der Perser hatte eine astronomische und astrologische Grundlage; ihre Lehre hatte allerdings eine höchste Einheit in Zeruane Akerene, der ungeschaffenen Zeit; aber wie verschieden ist diese „Gottesidee" von dem Wesen Gottes, wie es den Juden in Jehova geoffenbart war, des Ewigen, des ewig Persönlichen.

**) Es ist oben gesagt worden, daß die Israeliten von den Persern in religiöser Hinsicht nichts lernen konnten. Damit soll aber keineswegs in Abrede gestellt werden, daß die Israeliten in allen Perioden ihrer Geschichte auch von den Heiden, die in § 20 schriftgemäß charakterisirt werden, Tüchtiges, was diese auf ihrem Wege entwickelt hatten, sich angeeignet hätten (Leo, Lehrb. der Universalgeschichte. 1. Aufl. 3. S. 44). Das gereichte ihnen aber nur dann zur Förderung, nicht zum Verderben, wenn sie auf dem Boden des Gesetzes blieben und das Ziel im Auge behielten. Leider ist das bei den späteren Geschlechtern nicht immer geschehen (Leo a. a. O. S. 803): daher neue Gerichte.

Cyrus erkannte in dem Volke Israel ein Volk von besonderer religiöser Mission und ertheilte die Erlaubniß zur Rückkehr ins Vaterland; die Exulanten, welche von der Erlaubniß Gebrauch machten und in die Heimath zogen, begannen dort sofort damit, den Cultus nach dem Gesetze einzurichten und den Grund zu einem neuen Tempel in Jerusalem zu legen. So war durch das Exil die Gebundenheit des Volkes an das Gesetz erreicht. Nach und nach verstummte die Stimme der Propheten; an die Stelle des Prophetenthums trat nun Schriftgelehrsamkeit. Hier scheint es angemessen, im Folgenden Lessings Ansicht von den Schriften des Alten Testaments kurz zu besprechen.

6. **Die Schriften des Alten Testamentes.** — Lessing sieht in denselben die Elementarbücher für das rohe und im Denken ungeübte israelitische Volk (§ 27), und meint, daß, wenn wir die von ihm angegebenen Vollkommenheiten eines Elementarbuches (§ 47—49) beachten, die alttestamentlichen Bücher alle guten Eigenschaften eines Elementarbuchs sowohl für Kinder (Einzelne) als für ein kindliches Volk haben (§ 50). Die von Lessing gewählte Bezeichnung dieser Bücher entspricht allerdings seinem Offenbarungsbegriffe; allein die heilige Schrift Alten Testaments gibt sich selbst nicht für ein Lehrbuch der Religion, sondern als die geschichtliche Urkunde des Weges, auf welchem die jüdische Gottesgemeinde bisher zum Heile geführt ist, und durch dessen heilsbegierige Vergegenwärtigung sie sich zur Ergreifung des vollen Heiles in Christo bereiten soll (vgl. v. Hofmann, Der Schriftbeweis. 1. Aufl. 2. S. 670). Lessings Bezeichnung ist also nicht treffend. Versetzen wir uns indessen einen Augenblick auf seinen Standpunkt, so dürfen wir erwarten, daß er die nach ihm in jenen Elementarbüchern enthaltenen Lehren von der Einheit und den Eigenschaften Gottes (§ 43) sachgemäß charakterisirt; allein wir finden uns bald getäuscht. Denn was die Lehre von der Einheit Gottes betrifft, so entwickelt er den wahren Begriff von der Einheit Gottes erst auf philosophischem Wege durch Reflexion über das kirchliche Dogma von der Dreieinigkeit (§ 73), und doch drückt sich bereits in dem Namen Jehova, besser Jahve*), das energische Bewußtsein von der Einheit Gottes,

---

*) „Nur in dem Namen Jahve drückt sich demzufolge auch das bestimmte, energische Bewußtsein der Einheit Gottes aus, durch welches sich die Religion, die auf dem geschichtlichen Processe der göttlichen Offenbarung beruht, von allen anderen geschichtlichen Religionen unterscheidet. Denn es ist die Form

das Bewußtsein von Gott, dem ewig Persönlichen aus (Weiße, Philos. Dogm. I. S. 386. 387). — Und was die Lehre von den Eigenschaften betrifft, so gibt Lessing in § 34 nur den Eindruck wieder, welchen das jüdische Volk bei seiner Verehrung Jehova's empfand, den Eindruck, nach welchem es „seinen Jehova als einen eifrigen Gott mehr gefürchtet als geliebt, — auch dieses zum Beweise, daß die Begriffe, die es von seinem höchsten einigen Gott hatte, nicht eben die rechten Begriffe waren, die wir von Gott haben müssen". Damit vergl. das, was Rothe (Theol. Ethik. 3. Aufl. 2. S. 33. 34) von dem Eindrucke sagt, welchen die von dem Alten Testamente mit übermenschlicher Stimme verkündigte hohe und beseligende Wahrheit macht, das unmittelbare Zusammensein des göttlichen Zornes und des göttlichen Erbarmens!*) Wenn dem so ist, so erhellt, daß in dem Alten Testamente nicht eine Lehre von den Eigen-

dieser Einheit eben keine andere, als die Form des Selbstbewußtseins, die Ichheit, oder, im modernen, der Schrift noch unbekannten Wortsinn, die Persönlichkeit. Daß Gott von Ewigkeit her sich selber weiß, daß er in diesem Wissen seiner selbst sich gleich oder einer und derselbe ist und keinen Gleichen neben sich hat, kein zweites Ich, das nicht in ihm seinen Ursprung hätte; dies und nichts Anderes macht im Sinne der heiligen Schriften seine Einheit aus. Es wird diese Einheit allerorten stillschweigend vorausgesetzt beim Gebrauche des Namens, in dessen Bedeutung sie gleich von vorn durch die ursprünglichen Offenbarungsthatsachen hineingelegt ist; hin und wieder jedoch wird sie, besonders im Alten Testamente, in anschaulicher Weise betont, welche durch den Kampf gegen ein getrübtes, der heidnischen Vielgötterei sich zuneigendes Bewußtsein hervorgerufen ist."

*) Nachdem er daran erinnert hat, inwiefern der göttliche Zorn nur eine Manifestation der göttlichen Güte und somit weiter zurück der göttlichen Liebe sei, und daß bei der Entwickelung des Begriffs der Liebe dargelegt sei, daß der normale Zorn nicht anders gedacht werden könne als unmittelbar zusammen mit dem Erbarmer, heißt es: „Diese hohe und beseligende Wahrheit verkündigt mit übermenschlicher Stimme das Alte Testament. Gerade dies gehört zu dem Allergrößten in ihm, und vorzugsweise gerade mit darauf beruht seine durchaus einzige Erhabenheit, daß es gleich laut und schlechthin in Einem von dem Alles verzehrenden Grimme des Zornes Gottes und der die Mutterliebe noch unendlich übersteigenden Brünstigkeit seines Erbarmens predigt. Beide stehen in ihm auf allen Blättern unmittelbar und in unauflöslicher Durchdringung neben einander bezeugt, das Schnauben des Zornes Gottes und der erquickende Frühlingshauch seiner Barmherzigkeit (vgl. Luz, Bibeldogmatik S. 137 ff.). Indem das klassische Alterthum keine erschütternde Erkenntniß des göttlichen Zornes hat, geht ihm eben hiermit auch jedes lebendige Bewußtsein von der göttlichen Barmherzigkeit ab."

schaften Gottes gegeben werden soll, sondern daß in der von ihm berichteten Geschichte sich die Eigenschaften Gottes thatsächlich bezeugen so mächtig und verständlich, wie sonst nirgends in der alten Welt. — Warum verkennt dies Lessing? — Weil er die Sünde verkennt (s. oben II. 3. S. 24). Es soll Alles durch Lehre und Unterricht geheilt werden; darum sieht er in dem Alten Testamente nur Lehre.

"Aber jedes Elementarbuch" — lehrt Lessing weiter, und zwar wieder völlig entsprechend seinem Offenbarungsbegriffe — "ist nur für ein gewisses Alter" (§ 51), "so wie wir zur Lehre von der Einheit Gottes nunmehr des Alten Testaments entbehren können" (§ 72); ja der Alte Bund ist bereits "antiquirt" nach der Lehre gewisser Schwärmer des dreizehnten und vierzehnten Jahrhunderts (§ 88), denen er zustimmt. Aber stimmt das mit der heiligen Schrift? — Das Alte Testament gibt sich selbst allerdings als eine Vorstufe zu dem Neuen Testamente, und dieses erklärt das in jenem Vorbereitete als in Christo erfüllt und verwirklicht (v. Hofmann a. a. O. I. S. 672); aber damit wird das Alte Testament keineswegs antiquirt; vielmehr wird es in dem Neuen Testament verjüngt, insofern das Alte Testament erst von neutestamentlichem Standpunkte aus recht verständlich wird, — insofern das Alte Testament nach seinem innersten Kerne uns in dem Grade verständlich wird, in welchem sich uns das Neue Testament aufschließt. — Es bleibt uns nun noch übrig, den Uebergang zu betrachten, welchen Lessing zu der neutestamentlichen Religionsstufe macht: die Vorübungen, Anspielungen und Fingerzeige auf den Unsterblichkeitsglauben im Alten Testamente.

7. Anspielungen und Fingerzeige auf die Lehre von der Unsterblichkeit der Seele und auf den Glauben daran im Alten Testamente (§ 43). — Es wurde oben (S. 35—38) nachgewiesen, wie die Frommen des Alten Testamentes sich zu der Hoffnung auf eine künftige Erlösung aus dem Todeszustande erhoben haben, und was ihnen fehlte, daß also Lessings Meinung, die Juden seien erst unter den Chaldäern und Persern mit der Lehre von der Unsterblichkeit der Seele bekannt geworden, durchaus ungeschichtlich ist; es wurde ferner soeben angedeutet, welches der Zweck der alttestamentlichen Schriften sei. Von allen diesen Punkten sehen wir jedoch hier ab und verweilen bei dem oben Bezeichneten, womit Lessing den Uebergang zu der neutestamentlichen Stufe macht, nur, um die

Meinung, welche er von den alttestamentlichen Schriften hat, von einer neuen Seite zu prüfen.

Ohne Zweifel, sagt Lessing, waren die Juden unter den Chaldäern und Persern auch mit der Lehre von der Unsterblichkeit der Seele bekannter geworden (§ 42); weil aber diese Lehre nicht, wie die von der Einheit und den Eigenschaften Gottes in ihren heiligen Schriften unmittelbar ausgesprochen wird, sondern in denselben bloß Anspielungen und Fingerzeige auf die Lehre von der Unsterblichkeit gegeben werden, so konnte der Glaube an die Unsterblichkeit der Seele natürlicher Weise allein bei wenigen Erleuchteten Eingang finden, konnte aber nie der Glaube des gesammten Volkes werden (§ 43). Darin liegt eingeschlossen:

a. Daß der Glaube an Unsterblichkeit eine unerläßliche Bedingung zum sittlichen Leben und Handeln ist, was durchaus richtig ist (Wuttke, Handb. d. christl. Sittenlehre, 1. Aufl. 1. S. 344 u. f.).

b. Daß diesen Glauben in dem gesammten Volke zu wecken, der Zweck der alttestamentlichen Schriften ist. Wenn dem nun wirklich so ist, so müssen wir doch wohl voraussetzen, daß um die Zeit, welche Lessing im Auge hat, im Allgemeinen die Sehnsucht und das Verlangen vorzugsweise die Richtung auf den rechten Unsterblichkeitslehrer hat. Entspricht dieser Voraussetzung aber die Geschichte? Keineswegs. Denn die Geschichte lehrt uns, daß damals zwar das Volk Israel mehr als je bewegt wurde von Sehnsucht und Verlangen, aber nicht nach einem Unsterblichkeitslehrer, nach einem besseren Pädagogen (§ 53), als Moses war, sondern nach dem Messias, nach einem Retter aus der mannigfaltigen Noth, von welcher es sich gedrückt fühlte, und zwar zumeist nicht nach einem Retter aus der geistigen Noth, sondern nach einem irdischen und politischen Messias (Schneckenburger, Vorlesungen über Neutestamentliche Zeitgeschichte; herausg. von Löhlein. S. 104.)

c. Daß der rechte Unsterblichkeitslehrer nur in dem Offenbarungsvolke erscheinen konnte. Fragen wir, warum, so müssen wir im Sinne Lessings sagen: weil das Volk Israel das Volk ist, in welchem Gott die künftigen Erzieher aller übrigen Völker erzog (§ 18). Nach dem oben S. 28 f. Angedeuteten aber ist Israel nicht bloß ein Erziehungsvolk, sondern zuhöchst das Volk des Heils d. i. das Volk, von welchem das Heil für alle Völker auf Erden (für die gesammte Menschheit) ausgehen sollte, d. i. das Heil, in welchem auch die wahre Unsterblichkeit und der Glaube daran begründet ist. Demnach war zu zeigen, daß innerhalb der theokratischen Ordnungen, wie sie nach dem Exile durch ängstliche Beobachtung des Gesetzes hergestellt und später nach schweren Züchtigungen über das theilweise untreu gewordene Volk wieder erneuert wurden, der Messias vollständig aufwachsen und sich entwickeln konnte, insbesondere an der heiligen Schrift Alten Testaments (Auberlen a. a. O. S. 105. Rothe, Zur Dogmatik S. 174); und sodann, daß in dem durch Parteien vielfach gespaltenen und bei aller äußern Gesetzlichkeit doch meist verweltlichten Volke auch ein Häuflein von Gläubigen bewahrt wurde, welche, hie und da im Lande zerstreut, in ernster Gottesfurcht auf den Trost Israels warteten d. i. welche das Erlösungsbedürfniß tief fühlten und auf das Kommen des verheißenen Heilands harrten in Geduld, und daß in diesem kleinen Kreise also dem Erlöser für seine erste heilsame Wirksamkeit ein empfänglicher Boden in' Israel vorbereitet war (v. Zezschwitz, Zur Apologie des Christenthums S. 86).

Will man „Vorübungen" auf die neutestamentliche Stufe genannt wissen, so müssen wir nun nach dem zuletzt Angegebenen sagen, daß dieselben in der sittlich-religiösen Zubereitung des Gemüthes für die Heilsempfänglichkeit und in dem sorgfältigen Achten auf die Zeichen der Zeit bestehen. Das Heilsbedürfniß ist nicht bloß ein Bedürfniß der Unsterblichkeit, sondern das Centralbedürfniß des Herzens; wohl aber kann bei Einzelnen ein individuelles Bedürfniß ein Anlaß werden, daß das allgemeine Heilsbedürfniß hervorgerufen wird.

Was nun die von Lessing angeführten Stellen des Alten Testaments anlangt, so ist die Redensart „zu den Vätern versammelt werden" der Volksausdruck für das Abscheiden, ein Ausdruck für die nackte Unsterblichkeit der Seele; dagegen ist Matth. 22, 32 ein Beweis dafür, daß allerdings der Glaube an eine selige Unsterblichkeit (an eine künftige Errettung aus dem Todeszustande) Grund hat im Alten Testamente, vorausgesetzt, daß der Mensch in Bund und Gemeinschaft mit Gott getreten ist (Nitzsch, Academische Vorträge u. s. w. S. 64. 65).

V.
Die neutestamentliche Offenbarungsstufe:
die mittlere Stufe der sittlich-religiösen Bildung der Menschheit auf Grund der Offenbarung in Christo.

Das Charakteristische dieser Stufe ist, daß auf derselben der Mensch zur Erfüllung des sittlichen Gesetzes sich nicht mehr durch

sinnliche Strafen und Belohnung bestimmen läßt, sondern daß ein
anderes wahres, nach diesem Leben zu gewärtigendes Leben Einfluß
auf seine Handlungen, auf sein inneres und äußeres Verhalten ge=
winnt (§ 57. 60). Hier werden also die Motive des sittlichen
Handelns bereits reiner, denn Lohn und Strafe werden in eine un=
sichtbare jenseitige Welt verlegt (Dorner a. a. O. S. 725). — Wie
die alttestamentliche Stufe bloße Vernunftwahrheiten als von Gott
unmittelbar geoffenbarte Wahrheiten enthält (§ 70), so enthält die
neutestamentliche Stufe ebenfalls geoffenbarte Vernunftwahrheiten,
z. B. die von der Unsterblichkeit der Seele (§ 72); aber sie enthält
auch Wahrheiten, auf welche die menschliche Vernunft von
selbst nimmermehr gekommen wäre (§ 77). — Der Ausgangs=
punkt der neutestamentlichen Stufe ist die Offenbarung in Christo.
Betrachten wir nun prüfend, was Lessing von Christo behauptet
(§ 58—61), und was sich daran schließt. Zuvor werfen wir aber
einen Blick auf die griechisch=römische Welt zur Zeit Christi.

1. Der Zustand der römisch=griechischen Welt zur
Zeit Christi. „Der Theil des Menschengeschlechts, den Gott in
Einen Erziehungsplan hatte fassen wollen" — sagt Lessing, und
meint offenbar die römisch=griechische Heidenwelt, denkt aber die
durch positive Offenbarung vorbereiteten Juden (§ 43—46) ganz
gewiß in diesen Einen Erziehungsplan mit eingeschlossen — „war
zu dem zweiten großen Schritte der Erziehung reif (§ 54) d. h.
zur Aufnahme der Lehre, welche von Christo ausging (§ 53) d. i.
nach Lessing der Lehre von der Unsterblichkeit (§ 60). Denn „dieser
Theil des Menschengeschlechts war in der Ausübung seiner Vernunft
so weit gekommen, daß er zu seinen moralischen Handlungen edlere,
würdigere Beweggründe bedurfte, als zeitliche Belohnung und
Strafen waren, die ihn bisher geleitet hatten" (§ 65). „Schon
längst waren die Besseren von jenem Theile des Menschengeschlechts
gewohnt, sich durch einen Schatten solcher edleren Beweggründe
regieren zu lassen. Um nach diesem Leben auch nur in dem An=
denken seiner Mitbürger fortzuleben, that der Grieche und
Römer Alles" (§ 56). — Hier müssen wir nun allerdings der
Voraussetzung beistimmen, welche dem von Lessing Gesagten zu
Grunde liegt, daß die willige b. i. die von Ueberzeugung geleitete
Aufnahme einer Lehre nothwendig durch eine gewisse Vorübung oder
Vorbereitung bedingt ist. Aber nicht können wir der anderen An=
schauung beistimmen, zu welcher seine Darstellung leicht verleitet,

daß der bezeichnete Theil des Menschengeschlechtes sich in einem gesunden Zustande der Vorbereitung befunden und demnach zur Aufnahme der christlichen Lehre bereitwillig gezeigt habe. Solcher Voraussetzung widerspricht die Geschichte; diese lehrt uns ein ganz Anderes. Die Zustände jenes Theils des Menschengeschlechtes nämlich waren in völliger Auflösung begriffen; die im römischen Reiche vereinigten Völker fühlten nach dem Verluste ihrer Nationalität sich höchst unglücklich. Längst war die Zeit vorbei, in welcher der Grieche und Römer für das Gemeinwesen, welches während der Zeit ihrer Blüthe ihnen als das Höchste galt, Alles that; nach dem Untergange der Republik dachte die Mehrheit nur an sich und wandte sich meist sinnlichen Genüssen zu. Die Volksreligion der Griechen und Römer gerieth mit der fortschreitenden Verstandesbildung allmählich in Kampf und war nicht vermögend, ihn zu bestehen. So riß denn nach und nach, freilich bei äußerem Festhalten der Staatsreligion und troß desselben unter den Gebildeten und Vornehmen und durch ihr Beispiel auch unter dem Volke Unglaube ein, und in Folge davon nahm greuliche Sittenverderbniß immer mehr überhand. Doch der um sich greifende Unglaube trug auch schon die Keime einer entgegengesetzten Richtung in sich. Viele sehnten sich im Gefühle der innern Leere und unter dem Drucke der äußeren Noth zurück nach der väterlichen Religion und ergriffen sie von neuem mit glühendem Eifer, aber auch sie allein genügte ihnen nicht einmal. Morgenländische Culte mußten der vaterländischen Religion neuen Schmuck und neuen Reiz leihen. — Die Edleren unter den Gebildeten forschten nach Einem höchsten unwandelbaren Gute und suchten Trost in der Philosophie, aber bei dem gegenseitigen Widerspruche der verschiedenen Systeme derselben fanden sie nicht, was sie suchten. So geschah es, daß viele Heiden sich an die Synagogen der im römischen Reiche verbreiteten Juden anschlossen, und an ihren messianischen Hoffnungen Antheil nahmen; diese Hoffnungen aber waren bei vielen Juden nur irdischer Art; nur hie und da ersehnten sie Befreiung von dem sittlichen Elende. Daß die Heiden im römischen Weltreiche überhaupt damals in dunkler Unruhe von einer außerordentlichen Vorahnung, es bereite sich jetzt etwas Großes dem Menschengeschlechte vor, mehr oder weniger ergriffen waren, das beweisen die an mehreren Orten auftauchenden geheimnißvollen Sprüche, und insbesondere die weit verbreitete Sage, daß vom Oriente aus ein neues Weltreich gegründet

werden würde und die von Judaea Kommenden sich des Erdkreises be=
mächtigen würden. So fand sich überall in der verschiedensten Weise
Sehnsucht und Verlangen nach Rettung von irdischer Noth, aber nur
wenig gläubiges Hoffen und Harren auf ein geistiges Heil. Daher
der lange Widerstand, als die christliche Lehre im römischen Reiche
gepredigt wurde. — Gewiß, Lessings Charakteristik dieser Zeit trifft
wenig zu. (Vgl. z. b. Obigen Guericke, Kirchengeschichte. Aufl. 5. I,
S. 26. Jacobi, Kirchengeschichte I, S. 23. 41. J. H. Fichte,
Vorschule der Theologie, S. 225. Anm.)

2. Die Lehre Christi. — Nach Lessing ist Christus der
erste zuverlässige praktische Lehrer der Unsterblichkeit der
Seele (§ 58). Die Lehre ist ihm bei weitem das Wichtigste;
das Uebrige, was von Christo berichtet wird, wie „die Weissagungen,
die in ihm erfüllt schienen, die Wunder, die er verrichtete" u. s. w.,
„Alles das kann damals zur Annehmung seiner Lehre wichtig
gewesen sein; jetzt ist es zur Erkennung der Wahrheit dieser
Lehre so wichtig nicht mehr" (§ 59). Lessing hält sich also allein
an die Lehre, Christus erscheint ihm nur als „ein besserer Pädagog"
denn Moses (§ 53); er ist ihm „der erste praktische Lehrer der
Unsterblichkeit." „Denn ein Anderes ist, die Unsterblichkeit der
Seele als eine philosophische Speculation vermuthen, wünschen;
ein Anderes, seine inneren und äußeren Handlungen darauf
einrichten" (§ 60). „Und dieses wenigstens lehrte Christus zu=
erst" (§ 61). Letzteres ist das Charakteristische. Aber was soll
heißen „praktischer Lehrer"? Doch wohl dieses, daß Christus das,
was er verkündete, in seinem persönlichen Leben selbst zeigte d. i.
daß er durch sein ganzes Verhalten, durch die Art, wie er handelte
und wie er litt, also nicht theoretisch, sondern lebensmäßig lehrte,
daß es Unsterblichkeit gebe (vgl. Nitzsch, Academische Vorträge,
S. 11). Zwar war es schon vor ihm bei manchen Völkern ein=
geführter Glaube, daß böse Handlungen noch in jenem Leben be=
straft würden; aber das waren doch nur solche Handlungen, die
der bürgerlichen Gesellschaft Nachtheil brachten, und daher auch schon
in der bürgerlichen Gesellschaft ihre Strafe hatten. „Eine innere
Reinheit des Herzens in Hinsicht auf ein anderes Leben zu
empfehlen, war ihm allein vorbehalten" (§ 61). Hiernach
könnte das Eigenthümliche des Christenthums bezeichnet werden
als die „auf dem praktischen Glauben an Unsterblichkeit und Ver=
geltung" ruhende Lebensweise (Nitzsch, System. S. 78). Dann aber

würde auf chriſtlichem Standpunkte der Menſch das Gute nicht
thun, wie es der höchſte Standpunkt fordert (§ 85), weil es das
Gute iſt, ſondern weil er in einem anderen wahren Leben (Himmel)
Lohn erwartet (ſ. oben). Sollte nun damit die Eigenthümlichkeit
des Chriſtenthums, die Eigenthümlichkeit der Lehre des hiſtoriſchen
Chriſtus und des von demſelben ausgehenden ſittlich-religiöſen
Lebens vollkommen richtig d. i. der Schrift gemäß bezeichnet ſein?
Nach der heiligen Schrift beſteht der Inhalt der Lehre Chriſti
in der Verkündigung des Reiches Gottes (des Himmelreiches).
„Mit der Verkündigung des Reiches Gottes begann Jeſus ſein Lehr-
amt (Marc. 1, 15), auf daſſelbe bezogen ſich die Reden und Gleich-
niſſe, die er zu dem Volke ſprach (Matth. 9, 35; 13; 18; 25), von
ihm redete er zu ſeinen Jüngern nach ſeiner Auferſtehung, bis er zum
Himmel fuhr (Apg. 1, 3)" (Schoeberlein, Die Grundlehren des
Heils u. ſ. w. S. 1.). Jeſus verkündigte aber das Reich Gottes nicht
als eine abſtrakte Idee, ſondern als das im Alten Teſtament von Geſetz
und Propheten vorbereitete und verheißene, aber als wie von allen
nationalen und temporellen Schranken befreite, und er verkündigte
nicht bloß das Reich Gottes, ſondern er ſtellte es zugleich in ſeinem
Verhältniſſe zu Gott und zur Menſchheit dar, d. i. bezeugte ſich ſo
als den Meſſias, aber nicht als den fleiſchlichen Meſſias, ſondern
als den geiſtlichen Heiland zur Erlöſung der Welt (Nitzſch, Syſt.
S. 234. 250). Der fleiſchlichen Meſſiaserwartungen der Juden wegen
kündigte er ſich anfangs nicht ſogleich ausdrücklich als den Meſſias
an, ſondern erklärte nur, daß das verheißene Reich nahe herange-
kommen ſei, und beſchrieb es ſeinem wahren Weſen nach; als
den Meſſias offenbarte er ſich nur nach und nach denen, welche
durch den Eindruck ſeiner Perſönlichkeit und ſeiner Worte einigermaßen vorbereitet waren (Neander, Leben Jeſu Chriſti, Aufl. 1.
S. 106. 107).

Die zur Theilnahme am Himmelreiche durchaus nöthigen Er-
forderniſſe. Allerdings iſt die Forderung innerer Reinheit
das ſchlechthin Eigenthümliche in der Lehre Chriſti, aber nicht zu
dem von Leſſing angegebenen Zwecke. — Selig ſind, die da hungern
und dürſten nach der Gerechtigkeit d. i. nach der Reinheit des
Himmelreichs, denn ihrer iſt das Himmelreich d. i. ihnen iſt es nahe
als ein in gewiſſer Hinſicht ſchon gegenwärtiges; ſelig, welche im
tiefen Gefühle ihrer geiſtlichen Armuth Leid tragen, denn ſie ſollen
getröſtet werden durch den Reichthum der Gnade Gottes im Him-

melreiche; selig, welche durch die Gnade innerlich geheiligt reines Herzens sind, denn sie werden Gott schauen. — Schon in diesen von uns zusammengestellten Sprüchen bezeichnet Christus diejenigen Eigenschaften, welche, um in die Gemeinschaft des Reiches Gottes einzugehen, nothwendig erfordert werden. Es sind dies die Erfordernisse, in denen sich schon das eigenthümliche Wesen des Christenthums zu erkennen gibt, — nicht das Bewußtsein der eigenen sittlichen und geistigen Kraft, die man nur recht anzuwenden brauche, um das Ziel zu erreichen, sondern im Gegentheil das Bewußtsein der Unzulänglichkeit eigner Kraft, das Bewußtsein des inneren Elends und Mangels, das Gefühl des Bedürfnisses und der Sehnsucht ist es, was diejenigen, welche in die Gemeinschaft des Reiches Gottes eingehen wollen, hinzubringen müssen (Neander a. a. O. S. 151. 152.) Weit entfernt also, daß die Reinheit des Herzens durch eigene Kraft errungen werden kann, schließen gerade die, welche das wähnen, sich selbst aus von der Theilnahme an dem Himmelreiche, in welchem allein die innere Reinheit erst gewonnen wird.

Der verheißene Lohn. — Christus verheißt allerdings denen, die in das Reich Gottes eintreten, einen Lohn, aber nicht neben, sondern in dem Himmelreiche, Matth. 5, 12. — Da nun, wie so eben nach den Worten Christi angedeutet, man zur Theilnahme am Reiche Gottes Nichts hinzubringen kann, als das Gefühl des Bedürfnisses, der Sehnsucht, des demüthigen empfänglichen Sinnes, so erhellt, daß hier Alles Geschenk der Gnade ist, daß hier also von einem Verdienste, welches den Lohn als eine Schuldigkeit für eine Leistung fordern könnte, gar nicht die Rede sein kann. Und doch muß das Reichsverhältniß ein Moment in sich schließen, welches in dem Lohnbegriffe liegt, weil sonst das Wort Lohn nicht gebraucht sein würde. Worin besteht nun dieses Moment? Die Aufnahme in das Reich setzt, wie gesagt, nicht eine positive Leistung voraus, sondern im Gegentheil ein Negatives, das schmerzliche Gefühl eines wesentlichen Mangels. Aber nachdem Einer durch die Gnade in das Reich Gottes aufgenommen worden, ist seine Theilnahme an der Seligkeit desselben bedingt durch die Art, wie er sich unter den Kämpfen, die er als Mitglied dieses Reiches auf Erden zu bestehen hat, diesem Charakter gemäß selbstthätig bewährt. Der Lohn bezeichnet demnach das Verhältniß der göttlichen Mittheilungen zu der subjectiven Würdigkeit, das Bedingtsein dieser Mittheilungen durch das, was die Mitglieder des Reiches Gottes als solche zu leisten haben (Neander a. a. O. S. 154. 155). — Alle, welche der Berufung zum Reiche Gottes treu gefolgt, welche wahrhaft bekehrt worden sind und nach ihrer Bekehrung **treu gearbeitet** haben für die Verwirklichung dieses Reiches in der Welt, empfangen Alle vermöge der Erlösung **ein und dasselbe göttliche Leben**. Mag Einer früher oder später bekehrt worden sein, mag ihm daher mehr oder weniger Zeit für den neuen Lebenswandel geblieben sein, mag er zu den Höchstbegabten oder zu den am wenigsten Begabten gehören, sie werden Alle **derselben Seligkeit** des Reiches Gottes theilhaftig; Keiner ist berechtigt, Etwas vor dem Andern voraus zu verlangen, da Alles ohne menschliches Verdienst, als freies Geschenk der göttlichen Gnade den Menschen ertheilt worden ist (vgl. die Parabel von den Arbeitern im Weinberge, Neander S. 187. 188). — Aber die **Identität** des Allen vermöge der Erlösung verliehenen göttlichen Lebens schließt gewisse Stufen der Entwickelung desselben keineswegs aus; vielmehr besteht ein **Stufenunterschied** in dem Reiche Gottes, wie er bedingt ist durch die verschiedene Begabung und durch die derselben entsprechende Leistung; je nach dieser Verschiedenheit wird nun einem jedem Einzelnen **seine Stelle**, ein größerer oder kleinerer Wirkungskreis im Reiche Gottes angewiesen. Bei aller **Ungleichheit** der Gaben und der Leistungen bleibt dessenungeachtet die **wesentliche Gleichheit** des sittlichen Moments und seiner Zurechnung, vorausgesetzt, daß der empfangene Theil der Gnadengaben von einem Jedem **treu angewendet** wird. Nur der, welcher aus Zaghaftigkeit die empfangene geringe Gabe gar nicht verwerthet hat, verliert dieselbe und empfindet diesen Verlust höchst schmerzlich (vgl. die Parabel von den anvertrauten Pfunden. Neander S. 183. 199. Weiße, Die evangelische Geschichte II. S. 128—130).

Wohl verheißt die Schrift auch **irdischen Lohn**, aber immer **in und mit dem Reiche Gottes**; und nicht auf die Leistung, sondern auf den Sinn kommt es an, in welchem diese geschieht; das aber ist allein der rechte Sinn, der nicht sich selbst, sondern allein den Herrn meint, der das Gute um des höchsten Gutes, um Gottes und Christi willen thut, so daß wer auf den Lohn sieht, seinen Lohn dahin hat. Matth. 5, 46. 6, 2. 5. 5, 16. 1. Petr. 5, 2. — Alles Thun des Christen ist also ein Bewähren der Gemeinschaft mit Christo, also ein Mitarbeiten an dem höchsten Weltzwecke, recht eigentlich ein Arbeiten in dem Weinberge Gottes. Andererseits ist auch der Lohn, welcher diesem Streben zufällt, nichts Anderes, als die Erreichung des Zieles, auf welches das Streben selbst gerichtet war, die wirkliche Vollendung des Personlebens in der Theilnahme am Reiche Gottes. Wenn also die christliche Leistung gerade um des höchsten Gutes willen geschieht, und der endliche Lohn die Realisirung dieses höchsten Gutes selbst ist, so ist es eine Unwahrheit, dem christlichen Handeln den Vorwurf der Lohnsucht zu machen (Beyer in Herzog's R. E. XX. S. 33. 34). Lohnsucht wirft nun Lessing zwar dem christlichen Handeln nicht vor, meint aber doch, daß auf christlichem Standpunkte der Mensch das Gute nicht thue, weil es das Gute ist, sondern weil er in einem Leben nach dem Tode Vergeltung erwarte (s. oben S. 49); daß diese Meinung aber eine irrige ist, das ergiebt sich aus dem Vorstehenden.

Nach Lessing ist der Gegenstand der Lehre Christi die Unsterblichkeit der Seele und die Vergeltung (s. oben S. 48); nach der heiligen Schrift hat der, welcher wirklich in dem Reiche Gottes ist, das ewige Leben (Röm. 6, 21. 22.) d. i. das Leben, in welchem der Tod nicht mehr herrscht; und Christus setzte bei der Verkündigung des Reiches Gottes den Glauben an Unsterblichkeit voraus, und wo er auf Einreden traf, da verwies er auf das Alte Testament (IV. 7. 6. S. 44). Daß das unsterbliche Leben, welches Christus bringt, ein anderes ist, als das, welches Lessing meint, davon später.

Aber woher Lessings Anschauung von der christlichen Lehre? Etwa aus seiner Deutung der Verheißung, welche Christus den in das Reich Gottes Aufgenommenen gibt? Oder aus seiner Auffassung der Richtung, welche alles christliche Streben nach dem Himmlischen nimmt? — Vgl. dazu H. Ritter, Gesch. d. Philof. V. A. u. b. T.: Gesch. der christlichen Philos. I. S. 10. 11.

Nach Lessing ist, wie wir schon oben gesehen haben, die Lehre Christi das, worauf es vorzugsweise ankommt, um die Wahrheit dieser Lehre zu erkennen, dagegen das sonst über Christus Berichtete für uns jetzt nicht mehr so wichtig; nach der heiligen Schrift hingegen machte die Lehrthätigkeit, wie grundwichtig auch immer, doch nur den Anfang seiner heilsamen Wirksamkeit, war vorbereitend auf das Himmelreich, begründete aber noch nicht das Reich Gottes in dem menschlichen Geschlechte (Nitzsch, System S. 250). Doch legt auch Lessing dem Tode Jesu wenigstens eine geschichtliche Bedeutung bei.

3. Der Tod Christi diente nach Lessing zur Besiegelung seiner Lehre (§ 59); nach der heiligen Schrift aber hatte dieser Tod eine weit tiefer greifende Bedeutung. Auch andre große Männer sind für das Werk ihres Lebens in den Tod gegangen, aber Christi Wirken und Todesleiden unterscheidet sich von dem Tode jener Männer wesentlich, ist einzigartig. Wir heben nur folgende Punkte hervor.

a. Es hatten zwar alle außerordentlichen Menschen, welche sich eines ihnen zugetheilten Lebensberufes entschieden bewußt waren, die Zuversicht, daß der ihnen drohende Tod sie nicht eher treffen werde, als da ihr Geschick erfüllt sein werde. Aber diese Zuversicht trägt bei Jesus noch ein Gepräge weit höherer Art. Wenn nämlich bei jenen das Eintreten des Todes nur die negative Bedeutung hat, daß das Werk ihres Lebens vollendet ist, so hat gerade dieser Moment bei Christo noch die höchste positive Bedeutung. Er war sich bewußt, daß sein Tod zu seinem Werke selbst gehöre; er wußte daher auch nicht nur, daß dieser Tod nicht früher, als bis sein übriges Werk vollendet war, eintreten konnte, sondern auch, daß er genau in dem Momente und unter den Umständen, wo es galt, dieses Werk zu krönen, eintreten mußte. Die Totalität dieser Umstände, die seinen Tod bedingte, faßt er in dem Ausspruche zusammen, daß es ihm in Jerusalem zu sterben beschieden sei (vgl. hierzu Weiße, Die evangelische Geschichte II. S. 155. 156).

b. Jene großen Männer wirkten das in der Geschichte Epochemachende nicht durch die Gewalt der Waffen, sondern durch die Macht ihrer Persönlichkeit, sei es daß das Gebiet ihrer Wirksamkeit der Staat oder die religiöse Gemeinschaft war. Sie stehen aber alle unter der Beschränkung, daß ihre Wirksamkeit immer nur einem einzelnen Volke oder doch einem besonderen Theile des Menschengeschlechts angehört, oder einem einzelnen Zeitalter, welches seinem Charakter nach wesentlich als ihr Werk erscheint*). Kein großer

---

*) Schleiermacher, Sämmtl. Werke, Abth. 3. B. 3. A. u. d. T.: Reden und Abhandlungen. Herausg. v. Jonas. S. 73 ff. über den Begriff des großen Mannes. S. 81: „Soll freilich Einer gedacht werden, in welchem die Kraft liegt, in dem ganzen menschlichen Geschlechte aller Zonen und aller Zeiten neues Leben zu wecken, und das Ganze in einer Alles umfassenden Organisation zu befreunden, der müßte alles menschliche Maß überschreiten und er wäre zugleich der, welcher alle menschliche Größe vernichtet. Dieses

Mann des Alterthums vor Jesu hat den Gedanken, noch weniger den Plan gefaßt, eine Weltreligion zu stiften. Christi Plan aber umfaßte das ganze Menschengeschlecht aller Zeiten. Christus war sich also bewußt, daß ihm eine Kraft gegeben sei, alle Völker der Erde in Einem höheren Ganzen zu vereinigen. Christus starb also nicht bloß für Ein Volk und für Ein Zeitalter, sondern für das ganze Geschlecht der Menschen in allen Zeiten (Reinhard's Versuch u. s. w. 5. Aufl., herausg. v. Heubner, S. 253 u. f., S. 454 u. f. Martensen, Die christl. Ethik. I. Aufl. 1. S. 344).

c. Alle großen Männer der Geschichte kämpften immer nur gegen einzelne Gebrechen oder Sünden und waren selbst von der Sünde nicht durchaus frei, wodurch das Ethische in ihrer Wirksamkeit wesentlich verunreinigt wurde, so daß wir nicht sagen können, daß die großen Männer völlig unschuldig litten und starben. Christus aber, der Sündlosheilige, kämpfte nicht gegen die Sünde bloß in einer besonderen Erscheinung, sondern gegen die Sünde in ihrer Wurzel, gegen die Sünde schlechthin. Nicht als wenn nicht auch in ihm die Möglichkeit der Sünde gewesen wäre; allein er überwand allezeit siegreich alle Versuchungen, welche von außen an ihn kamen, durch die stetige Hingabe seines persönlichen individuellen Willens an Gott, den himmlischen Vater, und so auch die letzte und schwerste Versuchung durch die absolute Hingabe an Gott, durch sein Selbstopfer, und besiegte eben dadurch die Sünde nicht bloß für sich, sondern die Sünde an sich, die Sünde in der menschlichen Natur. So starb Christus um der Wahrheit und der Gerechtigkeit willen ohne alle Schuld. Und darin ist Christus das absolute Opfer, welches aber die schlechthinige Herzensreinheit voraussetzt, durch die besagte Hingabe auf allen Stufen der Lebensentwickelung bis zum Tode am Kreuze (de Wette, das Wesen d. christl. Glaubens S. 297. Martensen a. a. O. I. S. 346. Die christl. Dogmatik. Aufl. 1. S. 345. 348.

Daß Jesus Christus nicht ohne den von ihm freiwillig übernommenen Kreuzestod das Himmelreich unter dem menschlichen Geschlechte in der vollständigen Weise, wie er es bezweckte, hätte verwirklichen können, das erhellt aus dem Folgenden. Christus

Geheimniß aber, das in dem sich immer wieder erneuernden und immer wieder reinigenden Glauben lebt, können wir hier nur erwähnen, um es auszulassen aus unserer Betrachtung." Dazu S. 82. 83.

hatte von dem Anfang seiner Wirksamkeit an nicht bloß Gegner, sondern auch Feinde; als er nunmehr erkannte, daß er den Verfolgungen und Nachstellungen der letzteren sich nicht länger entziehen könne, ohne dadurch Mißtrauen in die Göttlichkeit seines messianischen Berufs zu zeigen oder im Volke Zweifel an seiner Messianität zu veranlassen, so ging er den ihm drohenden Tode in der zweifellosen Gewißheit entgegen, daß jetzt seine Zeit gekommen sei (s. oben unter a. S. 53), eröffnete aber zuvor sein bevorstehendes Leiden den Jüngern; die dabei von diesen geäußerte sittliche Liebe bewies die innere Nothwendigkeit des Todes Jesu: nur dadurch konnten die fleischlichen Erwartungen, welche ungeachtet der empfangenen Lehren selbst die Jünger von seinem Reiche hegten, niedergeschlagen werden (Neander, Das Leben J. Chr. Aufl. 1. S. 537. de Wette, Die bibl. Geschichte u. s. w. S. 107. 109).

4. Die Wiederbelebung Christi diente nach Lessing dazu, ihn als zuverlässigen Lehrer der Unsterblichkeit an ihm selbst zu bestätigen (§ 59); so können wir etwa sagen, doch s. auch oben die Erörterung hierüber. Allein der gewählte Ausdruck „Wiederbelebung" deutet daraufhin, daß das Leben, welches durch den gewaltsamen Tod vernichtet schien, wieder hervorgerufen sei. Dies streitet nun freilich durchaus mit dem, was die heilige Schrift „Auferstehung" nennt; gleichwohl liegt in Lessing's Ansicht ein Wahrheitsmoment.

Die aufmerksame Betrachtung der evangelischen Geschichte nämlich lehrt uns, daß die durch den gewaltsamen Tod Jesu erschütterten Jünger in eine solche Stimmung gesetzt worden waren, daß die segensreichen Folgen jenes Todes, sowie überhaupt seines Lebens und seiner Lehre für die Jünger und damit auch für das Menschengeschlecht würden verloren gewesen sein, wenn nicht durch die außerordentlichen Ereignisse, die uns als Erscheinungen des von dem Tode Auferstandenen bezeichnet werden, die Jünger, sowohl die, welche es schon waren, als auch einige Andere, die es durch diese Ereignisse erst wurden, die thatsächliche Gewißheit empfangen hätten, daß der vor ihren Augen gekreuzigte Christus auferstanden sei und in seiner selbstbewußten Persönlichkeit lebendig fortwirke. In diesem Sinne hatte die Auferstehung des Herrn Jesu für die Apostel die Bedeutung eines Erkenntnißgrundes oder die Kraft der Bestätigung Jesu als des Heilandes, die Bedeutung einer Legitimation seiner Messianität.

Aber die Wiedererscheinung des Auferstandenen vor den

Augen der Jünger ist nicht einerlei mit der Auferstehung an sich, welche in jener Wiedererscheinung vorausgesetzt wird, wenn auch von den Aposteln nicht sofort ihrer vollen Bedeutung nach verstanden. Die Auferstehung an sich ist die Ueberwindung des Todes, welcher die Seelen der Abgeschiedenen aufnimmt (IV. 4 S. 35. Anm.), der Sieg des sündlos=heiligen Lebens über den Tod als der Sünde Sold, der thatsächliche Beweis, daß solches Leben in Jesu Christo gewesen sei.

In diesem Sinne ist die Auferstehung von den Aposteln des Herrn nicht mit den Augen des Leibes geschaut, sondern in Kraft der ihnen gewordenen Erscheinungen durch den Glauben erfaßt worden, und die aus der Fülle dieses Glaubens bezeugte Thatsache wird von ihnen als die entscheidende That des Heils angesehen, als die entscheidende That der Todesüberwindung, welche das Heil der Gläubigen wirkt, indem sie ihnen dieselbe Kraft der Ueberwindung der feindseligen Mächte des Todes, der Sünde und des Teufels eben durch den Glauben mittheilt, in welchem das Unsichtbare real und persönlich wird (Weiße, Die Christologie Luthers. Aufl. 1 S. 38). — Erst als die Apostel die Auferstehung in dem obigen Sinne faßten, waren sie zu der erfahrungsmäßigen Erkenntniß ihrer eigentlichen Bedeutung und damit zugleich zu der wahren Er= kenntniß Jesu als des Christ durchgedrungen (Apg. 2, 32. 36). Der Glaube an diese Heilswahrheit wurde von ihnen geknüpft an den Ausspruch eines Psalmisten, daß Gott nicht zugebe, daß sein Heiliger die Verwesung sehe (Ps. 16, 10), und an die daraus ge= folgerte Unmöglichkeit, daß Christus — der Sündlosheilige — von dem Tode gehalten (überwältigt) werde. Hier wird auf den inneren Grund der Auferstehung zurückgegangen. Wie der Tod überhaupt in seiner zerstörenden Wirkung nicht zu der ursprünglichen Natur des Menschen gehörte, sondern erst durch die Sünde in die Welt gekommen ist (III. 1. b. S. 26), so konnte der, der von ihr nicht innerlich berührt war, vielmehr sie in allen Versuchungen siegreich überwand (s. oben), auch nicht vom Tode gehalten werden. So erklärt sich, daß die Auferstehung Christi von den Todten eben so sein Werk, wie das Werk des Vaters ist (Kling in Herzog's R.=E. 1. Aufl. 1. S. 594). —

Aus dem Beigebrachten erhellt, daß Christus durch die und in der Auferstehung nicht, wie Lessing meint, der erste zuverlässige Lehrer der Unsterblichkeit der Seele ist, sondern der persönliche Anfänger, das persönliche Princip eines neuen Lebens d. i. eines Lebens, in welchem die Sünde und ebenbeßwegen der Tod nicht herrscht (Röm. 6, 9. 10. 11. 14); und zugleich ergibt sich abermals, daß das Leben, welches uns Christus bringen will, ein wesentlich anderes ist, als das, welches Lessing meint. Hierüber Näheres bei den neutestamentlichen Schriften (S. 60 ff.).

5. Die Person Christi. — Lessing läßt es in § 59 dahingestellt, wer die Person dieses Christus gewesen; er hält sich, wie wir schon oben (S. 52) gesehen haben, lediglich an die Lehre dieses Christus. Nach der heiligen Schrift aber kommt es vor Allem auf die rechte Erkenntniß des historischen Christus an (Matth. 16, 14—19. Joh. 17, 3.); wir dürfen es also keineswegs dahin gestellt sein lassen, wer die Person dieses Christus gewesen. Fragen wir nun, warum es Lessing will dahingestellt sein lassen, so gibt § 77 einigen Aufschluß, wo er sagt, daß es mit der historischen Wahrheit der christlichen Religion, wenn man will, so mißlich aussieht; nicht als wenn Lessing an der Geschichtlichkeit Christi überhaupt zweifele, wie könnte er ihn dann für den ersten zuverlässigen Lehrer der Unsterblichkeit halten! Aber er hat wohl kein volles Vertrauen zu der Verläßigkeit der historischen Berichte über Christus. Sollte es nun aber wirklich so „mißlich" aussehen mit der historischen Wahrheit der christlichen Religion, wie Lessing meint? Sollte nicht auch die Geschichte uns eine ganz bestimmte Antwort auf die Frage geben, „wer die Person dieses Christus gewesen?" — Darauf gibt nun schon eine Antwort

a) der äußere Umstand, daß durch die herrschende Zählung der Jahre und der Jahrhunderte die ganze Geschichte sich in die Zeit vor und nach Christus theilt, daß also dieser den Mittelpunkt der Weltentwicklung bildet (Auberlen, Die göttl. Offenbarung II. S. 112). — Freilich ist die gegenwärtige Zählung nicht immer in der Christenheit herrschend gewesen, aber jetzt ist sie ganz allgemein anerkannt; und der tiefste Grund dieser Zählung ist der oben angegebene. Mit Recht bekennt Hegel (Philos. d. Gesch. Aufl. 2. S. 358): „Bis hier und von da geht die Geschichte". So ist es: vor Christo nur Völkergeschichte, erst von Christo an Weltgeschichte. In ihm, in Christo offenbart die Geschichte selbst den tiefsten Grund ihrer Eintheilung in die alte und neue Zeit: jene ist die Zeit der Vorbereitung auf das Christenthum, diese die Zeit seiner Entfaltung, seines stillen Wirkens in allen Sphären des Lebens, der Durchbringung und Umgestaltung von Familie und Staat, von Kunst und Wissenschaft (Haug, Die allgem. Gesch. I. S. 31). — Wenn dem nun so ist, so kann man doch gewiß nicht sagen, daß es mit der historischen Wahrheit der christlichen Religion „mißlich" aussehe, da ja die Geschichte bezeugt, daß Jesus Christus eine historische Person ist in durchaus einzigartigem Sinn. — Auf die besagte Frage geben ferner eine Antwort

b) die kanonischen Evangelien, deren Geschichtlichkeit und Glaubwürdigkeit gewiß nicht mit Grund bezweifelt werden kann (Schmieder, Einleitung in d. heil. Schrift. Aufl. 2. S. 90, Nr. 2), die historischen Berichte, aus denen wir den Eindruck erfahren, welchen die Persönlichkeit des Herrn Jesu mit ihrer stillen Gewalt mehr und mehr auf die Jünger und das Volk ausübte, den Eindruck, welcher die Jesum umgebende und seinen Worten horchende Menge innerlich nöthigte, in Jesu den Christ, den verheißenen Messias zu erkennen und zu begrüßen (Matth. 21, 8. 9. Marc. 11, 9—10. Luc. 19, 37. 38. Joh. 12, 12. 13.) — Auf die besagte Frage geben ferner eine Antwort

c) die synoptischen Christusreden, deren stilistische Eigenthümlichkeit, wie sie uns in den evangelischen Berichten überliefert worden ist, nicht nur von der Schreibart der Berichterstatter, sondern auch von dem gesammten übrigen Lehr- und Redestile des Neuen Testaments, so verschieden derselbe auch sonst nach Verschiedenheit der schreibenden Persönlichkeiten sein mag, sich unterscheidet und einen Gegensatz dazu bildet, der nicht entschiedener, nicht durchgreifender gedacht werden kann, so daß diese Reden sich selbst beglaubigen. Wenn wir also gehörig vorbereitet und mit der durchaus nöthigen Empfänglichkeit uns nahen, „so erscheint" — in denselben — „Christus auch uns in seiner von allen Sterblichen ihn unterscheidenden Gestalt und Physiognomie; er erscheint uns, wie er seinen Jüngern erschien, von Angesicht zu Angesicht, unmittelbar und wirklich" (Weiße, Ueber die Zukunft der evangel. Kirche S. 217—220).

6. Das Verdienst der Jünger Christi besteht nach Lessing darin, daß sie einer Wahrheit, die Christus nur allein für die Juden bestimmt zu haben schien, einen allgemeineren Umlauf unter mehreren Völkern verschafften (§ 62), nämlich der von Christo zuerst praktisch gelehrten Wahrheit von der Unsterblichkeit der Seele (§ 60). — Wir haben aber gesehen, daß Jesus seine Lehrthätigkeit mit der Verkündigung des Reiches Gottes begann und beschloß

(V. 2. S. 49 u. f.) — Nun ist allerdings richtig, daß Christus gesagt hat, er sei nicht gesandt, denn nur zu den verlorenen Schafen vom Hause Israel, und daß er anfangs den Aposteln gebot, nicht auf die Straße der Heiden abwärts zu gehen. Aber dieses geschah aus weiser Absicht, da er wußte, daß allein im Volke Israel die geschichtlichen Vorbedingungen vorhanden waren, unter denen er in seinen heiligen Beruf treten und für das Heil wirken konnte (IV. 1. S. 28 f.; Nr. 7. S. 43 f.), und weil es eben darum vor allen Dingen erst nöthig war, unter den Juden den Samen des Evangeliums auszustreuen, hier zuvörderst einen Grund zu legen, ehe daran zu denken war, die Heiden zu bekehren. Denn daß Christus seine Lehre für alle Völker bestimmt hat, das folgt aus der Allgemeinheit seines Planes, von dem wir schon gesprochen (V. 3. b. S. 53 f.); es erhellt aus dem Verhalten Jesu, wie es in den Erzählungen der Evangelisten dargestellt ist; aus den Worten Christi, die auf das Kommen der Heiden zum Reiche Gottes hinweisen; aus den Wahrheiten, die er lehrt und am meisten einschärft, und aus dem Auftrage, welchen Christus den Aposteln, als er nach seiner Auferstehung ihnen zum letzten Male erschien, sie wieder an ihren Beruf erinnernd, ausdrücklich gegeben, nämlich alle Völker zu bekehren und Menschen aus allen Völkern durch die Taufe dem Reiche Gottes und seiner Jüngerschaft einzuverleiben (Reinhard's Versuch u. s. w. S. 24 u. f. S. 407 u. f.).

Wenn nun Lessing bemerkt, daß die Jünger Christi „unter die Pfleger und Wohlthäter des Menschengeschlechts zu zählen seien (§ 62), so müssen wir ihm vollkommen beistimmen, aber zugleich seiner Behauptung widersprechen, daß sie es deßhalb seien, weil sie die Lehre Christi, wie L. sie auffaßt, treu fortpflanzten. Sie sind es vielmehr dadurch, daß sie dem von dem Herrn ihnen gegebenen Auftrage gemäß (s. oben) das Evangelium predigten, treu und im Vertrauen auf den verheißenen Beistand das Reich Gottes verkündigten in voller Hingebung an ihren Beruf und durch diese ihre Predigt unter den Völkern, zu denen sie kamen, den Samen der neuen Zeit, der Zeit des Heils ausstreuten. — Es ist allerdings historisch gewiß, daß das Christenthum der Menschheit das geheimnißvolle Jenseits öffnete und in die erstorbene Menschheit neues Leben pflanzte durch den Glauben an die Unsterblichkeit (de Wette, Das Wesen des christl. Glaubens S. 131. 132); aber es that dieses nicht durch die Lehre von der Unsterblichkeit, sondern durch die Verkündigung des Auferstandenen (f. oben Nr. 4 S. 55 u. f.).

Und als die Apostel ihr Vaterland verlassen hatten, blieben sie auch bei ihrer weiteren Missionsthätigkeit der für diese ihnen von dem Herrn gegebenen Vorschrift ihrem allgemeinen Sinne nach stets eingedenk, und predigten das Evangelium allenthalben nicht aufs Geradewohl, sondern nur da, wo sie Empfänglichkeit und die nöthigen Vorbedingungen des Verständnisses voraussetzen konnten. Demnach folgten sie den Wegen, welche von der Vorsehung ihnen in der Geschichte gebahnt waren; so predigten sie immer zuerst den im ganzen römischen Reiche verbreiteten Juden, dann wandten sie sich an die Proselyten, und, wenn auch von diesen abgewiesen, erst an die Heiden, hier zunächst vorbereitend wirkend, indem sie sich an das der Naturreligion zum Grunde liegende religiöse Bewußtsein und dessen Sehnsucht anschlossen (Neander, Apostol. Zeitalter. Aufl. 1. S. 133. 241).

7. Die neutestamentlichen Schriften, in welchen sich die Lehre Christi und die Lehren seiner Jünger nach einiger Zeit aufbewahrt fanden (§ 64). — Was Lessing von der Wirksamkeit dieser Schriften seit siebzehnhundert Jahren sagt, ist ein Zeugniß dafür, daß er dieselben als ein göttliches Erziehungsmittel des menschlichen Verstandes betrachtet (§ 65). Gleichwohl sieht er in den neutestamentlichen Schriften nur das zweite bessere Elementarbuch für das Menschengeschlecht (§ 64) und zwar in seinem Knabenalter (§ 71).

Was folgt daraus? Jedes Elementarbuch ist nur für ein gewisses Alter (§ 51); es ist daher consequent, daß Lessing dieses auch auf die neutestamentlichen Schriften anwendet; wenn er demnach behauptet, daß wir allmählich anfangen, zur Lehre von der Unsterblichkeit der Seele auch des Neuen Testaments entbehren zu können (§ 72), so beweist das wiederum, daß er die eigentliche Bedeutung der Auferstehung Christi (s. oben Nr. 4. S. 55 u. f.) verkennt, und daß die Unsterblichkeit, die er meint, sehr verschieden ist von dem ewigen Leben, dessen wir durch den Glauben an die Auferstehung Christi theilhaftig werden sollen; denn die Unsterblichkeit des natürlichen Lebens schließt —, wie sehr es auch ethisirt sein mag, weil in ihm die Sünde in ihrer Wurzel nicht aufgehoben ist, einen wiederholten Tod im Jenseits nicht aus (J. G. Fichte's sämmtl. Werke V. S. 109); die Unsterblichkeit der ζωὴ αἰώνιος dagegen trägt das Princip der Todesüberwindung in sich (Röm. 6, 9. 2 Tim. 1, 10. 1 Petr. 1, 3).

Aber Lessing verkennt auch die Bedeutung der neutestamentlichen Schrift. Die heilige Schrift des Neuen Testaments ist so wenig ein Lehrbuch der Religion, wie die des Alten Testaments (IV. 6. S. 41 u. f.); sie ist vielmehr die Urkunde der Heilsoffenbarung in Christo: so giebt die heilige Schrift sich selbst, sie will nach Art geschichtlicher Urkunden ihren Lesern, so viel möglich, ersetzend das Miterleben dessen, was in ihr geschrieben steht, vermitteln, will ihnen ein Mittel sein zur Aneignung der Gnade und Wahrheit, die durch Jesum Christum, wie sie sagt, uns geworden, will „vor ihren Augen und Herzen eine neue Welt eröffnen, in der sie Gott selbst leiben und leben sehen" (v. Hofmann, Der Schriftbeweis. II. 2. Aufl. 2. S. 100—108. Peip, Zum Beweis des Glaubens S. 85).

Das Christenthum war allerdings ursprünglich lebendige Verkündigung (κήρυγμα), Verkündigung selbsterlebter Thatsachen (Apg. 3, 15. 4, 20), nicht Schriftgelehrsamkeit; aber mit der Predigt des Evangeliums zugleich entstand, nicht zufällig, sondern auf Grund innerer Nöthigung der Sache, also aus göttlicher Inspiration der lebendige Antrieb, die mündliche Ueberlieferung der evangelischen Heilsoffenbarung schriftlich zu fixiren (Hagenbach, Leitfaden zum christl. Religionsunterrichte. Aufl. 3. S. 35. Nitzsch, Academische Vorträge u. s. w. S. 50). Die Wichtigkeit schriftlicher Urkunden der christlichen Offenbarung, der geschriebenen Evangelien insbesondere liegt auf der Hand. Nur durch letztere konnte in solcher Weise das Bild der göttlichen Persönlichkeit des Heilandes aufbewahrt werden, daß für alle Zeit jedem Einzelnen die Möglichkeit geöffnet bleibt, dasselbe in seinem Geiste zu jener lebendigen Anschauung zu bringen, aus der allein sich die wahrhafte Glaubenseinsicht[*]) erzeugen kann (Weiße, Die evang. Geschichte. II. S. 501). — Die anderen Schriften des Neuen Testaments sollen uns Mittel sein, daß wir bei der stetigen Aneignung des Heils uns vor den schon von den Aposteln bekämpften Verirrungen bewahren, vor Verirrungen[**]), welche aus

---

[*]) Diese Bedeutung der geschriebenen Evangelien verkennt Lessing, wenn er anderswo gegen die Bibel die Tradition in Schutz nimmt. Vgl. H. Ritter a. a. O. S. 58. Oben ist auf die von Zwesten gesammelten Stellen hingewiesen, in denen er eine höhere Ansicht vom Christenthum ausspricht. — [**]) Diese entspringen im Allgemeinen entweder aus jüdischer Gesetzlichkeit oder heidnischer Ungebundenheit.

der Rückwirkung des alten Lebens sich oft in der Christenheit er=
neuern. — Die heilige Schrift Neuen Testamentes hat demnach
eine Bedeutung für alle Zeiten. Weit entfernt also, daß wir die neutestamentlichen Schrif=
ten jemals entbehren könnten, werden dieselben vielmehr uns un=
entbehrlich in dem Grade, in welchem das christliche Heil (das
höchste Gut) durch beeiferte Aneignung unser individuelles Eigen=
thum wird. Wie von dem im Glauben erreichten Ziele aus uns
auch das Alte Testament recht verständlich wird, s. oben IV. 6.
S. 43).

8. Andere weniger einleuchtende und nützliche Lehren,
mit denen die Jünger jene Eine große Lehre (V. 2. S. 48)
versetzten (§ 63), z. B. die Lehre von der Dreieinigkeit,
von der Erbsünde und von der Genugthuung des Sohnes
(§ 73—75). — Obgleich Lessing diese Lehren für Beimischungen
der Apostel erklärt, so will er doch keineswegs, daß wir sie deßhalb
schelten, im Gegentheil sollen wir mit Ernst untersuchen, ob nicht
selbst die beigemischten Lehren ein neuer Richtungsstoß für die
menschliche Vernunft geworden sind (§ 63). Den letzteren Gedanken
führt er dann beispielsweise an den erwähnten drei Lehren aus, um
zu zeigen, daß dergleichen Speculationen die schicklichsten Uebungen
des menschlichen Verstandes seien, um uns für die höchste Stufe der
sittlich=religiösen Bildung fähig zu machen (§ 79. 80). Diese
Uebungen auf der neutestamentlichen Stufe entsprechen ihrem Zwecke
nach den IV. 7. S. 43 f. für die alttestamentliche Stufe festgesetzten
Vorübungen auf die nächst höhere Stufe d. i. die neutestamentliche.
Bevor wir Lessing's speculative Deutung der genannten Lehren
prüfen, müssen wir zwei Bemerkungen voranschicken. Erstens: Die
Lehre der Apostel ist wesentlich die von dem Heile in Christo, und
diese ihre Lehre ist so wenig mit fremdartigen Bestandtheilen versetzt,
daß sie gerade umgekehrt sich gegen die Versetzung des christlichen
Heils mit jüdischen und heidnischen Irrthümern großentheils richtet.
Zweitens: Es muß auffallen, daß Lessing die besagten Lehren
ohne weiteres als Lehren des Neuen Testaments betrachtet, da sie
doch, wie er gewiß sehr gut weiß, erst in der Kirche*) festgestellt
worden sind, und mithin als kirchliche Dogmen nicht mit dem Glau=

---
*) Ueber die Idee der Kirche s. Thomasius, Christi Person und Werk.
III. 2. S. 336; über den Begriff der Häresie Jäger in Herzog's R.=E. V.
S. 453.

bensinhalte der Schrift identificirt werden dürfen, — obgleich auch die kirchlichen Dogmen im Allgemeinen dem Zwecke dienen sollen, uns den vollen Segen des Heils vor den Trübungen durch jüdische und heidnische Häresien thunlichst sicher zu stellen.

Lassen wir es auf sich beruhen, warum sich Lessing zu der bemerkten Identificirung berechtigt glaubte; prüfen wir vielmehr, ob oder in wieweit seine Deutungen mit der Lehre der Schrift und der Kirche übereinstimmen.

a) Die Lehre von der Dreieinigkeit sollte — nach Lessing — den menschlichen Verstand auf den Weg bringen, endlich zu erkennen, „daß Gott in dem Verstande, in welchem endliche Dinge eins sind, unmöglich eins sein könne; daß auch seine Einheit eine transcendentale sein müsse, welche eine Art von Mehrheit nicht ausschließt" (§ 73). — Die Dreieinigkeit muß nach Lessing also auch die Vernunft als nothwendigen Proceß des göttlichen Selbstbewußtseins denken*), aber sie bleibt ihm ohne wesentlichen Zusammenhang mit der Christologie (Dorner a. a. O. S. 725). Nach der heiligen Schrift aber ist die Einheit Gottes in dem von Lessing behaupteten Sinne schon in dem Alten Testamente offenbar (s. oben IV. 6. S. 41 ff.); und nach der Geschichte sind der Ausgangspunkt der kirchlichen Dreieinigkeitslehre nicht Speculationen über das Wesen Gottes, sondern über die Person des Erlösers, und der Zweck bei der Feststellung des Dogmas war, den dem christlichen Bewußtsein wesentlichen Glauben an Gott, den Schöpfer, den Erlöser und Heiligmacher, den Glauben an Gott den Dreieinigen als in den Gott immanenten Verhältnissen, d. i. in den Verhältnissen, die Gott zu sich selbst hat, ruhend aufzuzeigen, und damit den christlichen Gottesbegriff gegen das deistische Judenthum**) und das polytheistische (pantheistische) Heidenthum sicher zu stellen, und dem christlichen Bewußtsein den ganzen Schatz der Heilserkenntniß zu bewahren (Neander, Kirchengeschichte. I. 3. S. 986. 987. II. 2. S. 812. 813. 894. 895). Diese immanente Trinität ist zu unter-

---

*) Darauf sind wir durch eine Religion, mit deren historischer Wahrheit es so mißlich aussieht, erst geleitet; die menschliche Vernunft wäre von selbst nimmermehr darauf gekommen (§ 77).
**) D. i. das dem Christenthume gegenübertretende Judenthum, welches seiner Bestimmung nach hätte in jenem aufgehen sollen. Ueber die Trinität im Alten Testamente s. J. P. Lange, Positive Dogmatik. S. 124 u. f. S. 148 u. f.

scheiden, aber nicht zu scheiden von der ökumenischen Trinität, welche sich auf das Verhältniß zur Welt und zum Menschen bezieht und im christlichen Heilsbegriffe ihren Mittelpunkt hat (J. H. Fichte's Zeitschr. f. Philos. u. spec. Theol. VII. 2. S. 228); das Neue Testament offenbart thatsächlich die letztere, für die erstere gibt es nur Anhaltspunkte (Fichte a. a. O. S. 229). — Der Unterschied der Lessingischen Deutung der Dreieinigkeit von der biblisch=kirchlichen Lehre springt in die Augen. Doch muß man dabei bemerken, daß Lessing hier stillschweigend gegen die damals sogenannte natürliche Religion polemisirt, und durch seine Erörterung der Dreieinigkeitslehre die deistischen Christen seiner Zeit darauf führen will, ihren Begriff von Gott zu erweitern (Guhrauer, Ueber Lessing's Erz. d. Menscheng. S. 118).

b) Die Deutung der Lehre von der Erbsünde ist schon oben (III. 1. S. 25 u. f.) bei dem Urzustande besprochen worden; es wurde dort nachgewiesen, daß sie mit der Schriftlehre nicht stimmt. Aber es stimmt dieselbe auch nicht mit der Kirchenlehre; denn Lessing hat, wie man gewiß mit Recht bemerkt, bei seiner Deutung die Tendenz, von dem Standpunkte des Rationalismus aus zu dem speculativen Begriffe des christlichen Dogmas hinüberzuführen (Guhrauer a. a. O. S. 128); im Sinne der Kirchenlehre hingegen ist die Tendenz nicht eine speculative, sondern eine praktische, nämlich die, der christlichen Gemeinde das Bewußtsein von der sittlich=religiösen Hülflosigkeit des Menschen ohne Christum objectiv rein zu erhalten (Hase, Hutterus redivivus Aufl. 4. S. 207), also auch im Gegensatze zu den Lehren der Manichäer und Pelagianer das christliche Bewußtsein vor den Trübungen zu bewahren, welche die volle Aneignung des Heils unmöglich machen. Es liegt in dem Begriffe der Erbsünde, daß der Einzelne, sobald er zum wirklichen Selbstbewußtsein kommt, die Sünde schon in sich vorfindet, und doch so, daß er sie nicht als Etwas abweisen kann, wofür er nicht verantwortlich wäre; es ist demnach zwar der Einzelne nicht mehr Urheber des Bösen in dem Geschlechte, aber es ist kein Einzelner von der Mitschuld am Bösen (wenn gleich in verschiedenem Grade und Umfange) freizusprechen, wie dies auch einem Jeden das unbeirrte Gewissen bezeugt; man hat daher den gegenwärtigen Zustand des Geschlechts als die Gesammtthat und die Gesammtschuld bezeichnet (Ph. Fischer, Syst. d. Philos. III. S. 388). — Obgleich durch die Sünde die Persönlichkeit des Menschen, sein Selbstbewußtsein und seine Wahlfreiheit nicht vernichtet wird, und obgleich in jedem Menschen der Geist der Wahrheit der ursprüngliche ist, womit er die überall eindringende Macht des Bösen von sich abwehren soll, so hat das Böse doch eine solche Macht, daß es selbst mit Aufbietung aller sittlichen Kräfte der Gesammtheit nicht besiegt werden kann, sondern einzig und allein durch die Allmacht Gottes, bei dem daher Rettung und Schutz im Kampfe gegen das Böse gesucht werden muß (vgl. Twesten, Dogm. II. 1. S. 372. 378). — Dies ist der wesentliche Sinn der christlichen Lehre von der Erbsünde.

c. Die Genugthuung des Sohnes bedeutet, daß Gott den Menschen die Sünden verzeiht mit Rücksicht auf den, gegen welchen und in welchem alle Unvollkommenheit des Einzelnen verschwindet (§ 75). — Da aber Lessing § 59 erklärt, daß er es „dahin gestellt sein lasse, wer die Person dieses Christus gewesen", so müssen wir wohl annehmen, daß er den idealen Begriff des Sohnes, welcher ist das reale Ebenbild des göttlichen Wesens (§ 73), von der geschichtlichen Person Jesu abgelöst und damit auch die Genugthuung rein ideal gefaßt wissen wollte. Seine Meinung würde nach dieser Annahme also sein, daß wir nicht mit Zuversicht nach sittlicher Vervollkommnung zu streben vermöchten, wenn wir nicht die zweifellose Gewißheit hätten, 1. daß die Vollkommenheit, zu welcher wir bestimmt sind, in dem Sohne schon vorhanden ist, und 2. daß Gott uns, insofern wir seinen Sohn als Idee in uns walten lassen, die einzelnen Sünden verzeiht. — Ist dies nach Lessing der Sinn des Dogma's, so dürfen wir nicht sagen, daß er eine Erlösung im eigentlichen Wortsinne annehme (H. Ritter a. a. O. S. 63. 64); denn durch die gedachte doppelte Gewißheit mögen wir wohl wegen unserer einzelnen Sünden getröstet werden, und uns zum sittlichen Weiterstreben nach dem vorgesteckten Ziele hin ermuntert fühlen; aber wir werden dadurch nicht von der Sünde befreit, bleiben vielmehr immer auf dem alten natürlichen Boden, auf welchem wir stehen. — Nach der Kirchenlehre dagegen kann die Vergebung der Sünden uns nur dann zu Theil werden, wenn wir auf einen neuen Boden versetzt werden, auf welchem die Sünde und deren Sold, der Tod, an sich überwunden worden ist, und dieser neue Boden ist in der alten natürlichen Menschheit errungen durch den aller Gerechtigkeit genug thuenden Liebesgehorsam Jesu Christi. Dies ist die objective Erlösung und die durch Christus dem Menschengeschlechte erworbene Vergebung der Sünden (vgl. Thomasius, Christi

Person und Werk, III. 1. S. 87 u. f.). — Es erhellt, daß Lessings Deutung des Dogma's mit der Kirchenlehre nicht stimmt.

Blicken wir auf den ganzen besprochenen Abschnitt unter Nr. 1—8 zurück, so hat sich uns aus dem Beigebrachten ergeben, daß die Zeit Christi nicht zutreffend charakterisirt ist, und daß es mit der historischen Wahrheit der christlichen Religion keineswegs „so mißlich" aussieht, wie Lessing meint; ferner daß weder seine Deutung der Lehre Christi und der Apostel, noch die Erörterungen der kirchlichen Dogmen sachgemäß und der Geschichte entsprechend sind. — Aber dürfen wir bei diesem bloß negativen Resultate unserer Prüfung stehen bleiben? Nein! Denn denken wir an den Kanon, welchen der Herr uns in den Aussprüchen Matth. 12, 30. Marc. 9, 10. Luc. 9, 30 gibt, so dürfen wir nach diesem Kanon Lessing — trotz der gemachten Ausstellungen — die Christlichkeit nicht absprechen; Christus ist ihm ja, wenn auch nicht der Erlöser, doch ein zuverlässiger Lehrer, der erste zuverlässige Lehrer der Unsterblichkeit der Seele (§ 89). Und berücksichtigen wir zugleich Lessings Stellung zu dem Fragmentisten (IV. 4. S. 35 Anm.) und nach der anderswo über das Christenthum ausgesprochenen Ansicht (II. 3. S. 24) seine Stellung auch zu den Apologeten des Christenthums in seiner Zeit, so müssen wir ihm letzteren gegenüber das Verdienst zuschreiben, auf die damals ziemlich allgemein zurückgestellte Selbstbezeugung der christlichen Wahrheit als den rechten Hauptbeweis wieder die Aufmerksamkeit der Zeitgenossen gelenkt zu haben (vgl. Dorner a. a. O. S. 728). Denn wenngleich wir in diesem Aufsatze, mit dem wir uns hier beschäftigen, nicht eine Spur jener höheren Ansicht von dem Christenthum finden, auf welche dort in den angegebenen Stellen hingewiesen wurde, so müssen wir doch auch hier dieselbe uns gegenwärtig halten, um Lessing nach seiner religionsphilosophischen Bedeutung überhaupt richtig zu schätzen. — Folgen wir nun weiter dem unterbrochenen Gedankengang in der vorliegenden Schrift.

9. Uebergang. Schon oben (V. 7. S. 62) ist der Uebergang angedeutet, jetzt soll derselbe etwas näher bestimmt werden. Der neutestamentliche Standpunkt (s. oben) ist das Knabenalter des Menschengeschlechts (§ 71); die Speculationen über die Gegenstände des christlichen Glaubens, insbesondere über die kirchlichen Dogmen (§ 78. 79), wie über die in § 73—78 beispielsweise angeführten, sind die Mittel, welche den Jüngling zum

Manne erziehen (Guhrauer, Lessings Leben und Werke II. 1. S. 219) b. i. zur Reife für die höchste Stufe der sittlich-religiösen Bildung (§ 80).

VI.

Die Zeit eines neuen ewigen Evangeliums:

Die dritte und höchste Stufe der sittlich-religiösen Bildung der Menschheit, — der Erziehung Ziel.

Das Charakteristische dieser höchsten Stufe besteht darin, daß auf ihr der Mensch das Gute thun wird nicht aus Furcht und Hoffnung für das Diesseits und Jenseits, sondern lediglich weil es das Gute ist (§ 85. Vgl. Dorner a. a. O. S. 726).

1. Man hat gestritten, ob Lessing unter dem neuen ewigen Evangelium eine vollkommnere Religion verstand, welcher die christliche Platz machen müsse, oder ob er darunter nur eine höhere innere Entwicklung des Christenthums dachte (Guhrauer a. a. O. S. 220). — Die Erinnerung an diesen Streit soll uns lehren, daß es keineswegs leicht ist, über Lessings eigentliche Meinung zur Gewißheit zu kommen; soll uns warnen vor Uebereilung in unseren Urtheilen über ihn.

2. Wenn wir nun daran denken, daß er § 72 sagt, daß wir allmählich anfangen, auch des Neuen Testaments entbehren zu können, und daß er in § 88 der Meinung gewisser Schwärmer des dreizehnten und vierzehnten Jahrhunderts, es müsse der Neue Bund ebensowohl antiquirt werden, wie es der Alte geworden, in dieser Hinsicht beizustimmen scheint, so spricht das für die Ansicht, daß er unter dem neuen ewigen Evangelium eine vollkommenere Religion als die christliche verstand. Wenn wir dagegen bedenken, daß er § 77 erklärt, wir seien durch die christliche Religion auf Begriffe vom göttlichen Wesen, von unserer Natur, von unseren Verhältnissen zu Gott geleitet worden, auf Begriffe, auf welche die menschliche Vernunft von selbst nimmermehr gekommen wäre, so spricht das für die entgegengesetzte Ansicht, daß er unter dem neuen ewigen Evangelium sich nicht eine vollkommenere Religion als die christliche dachte. Aber deßhalb wird er seinen Grundsatz, daß die Ausbildung geoffenbarter Wahrheiten in Vernunftwahrheiten schlechterdings nothwendig sei, wenn dem menschlichen Geschlechte damit geholfen sein solle (§ 76), ganz gewiß nicht aufgegeben haben.

3. Was versteht nun hiernach Lessing unter dem neuen ewigen Evangelium? — Das zur Vernunftreligion ausgebildete Christenthum oder das Christenthum der Vernunft; die Zeit, worin die besagte Ausbildung gelungen sein wird, ist ihm die Zeit des neuen ewigen Evangeliums, in welchem er die Erfüllung der in den Elementarbüchern des Neuen Bundes gegebenen Verheißungen sieht (§ 86); dieses Evangelium nennt er ein ewiges, weil auf dasselbe kein anderes mehr folgt; ein neues, weil jetzt erst am Ziele der Erziehung der innerste Sinn des Christenthums in das Bewußtsein der Menschheit tritt. Indem Lessing ein Ziel der Erziehung setzt, wie für die Menschheit, so für den einzelnen Menschen (§ 82), nämlich die höchste Stufe der Aufklärung und Reinigkeit (§ 81), wozu die Speculationen über kirchliche Dogmen mit helfen sollen (§ 78. 79), so schließt er eben damit jene vage Ansicht von einer Vervollkommnung der Religion durch immer bessere Offenbarungen aus und verlangt dagegen, daß dieses Ziel gefunden werden solle in dem völligen Verständnisse der Lehren und Andeutungen des Christenthums (H.-Ritter a. a. O. S. 57.).

4. Bis aber die verheißene Zeit des neuen ewigen Evangelium vollkommen da ist, so lange behält auch der neue Bund in seiner bisherigen Gestalt seine Bedeutung und Wichtigkeit, weil Keiner zu der höchsten Stufe des sittlichen Lebens gelangt, ohne durch die Elementarstufe des Neuen Testamentes hindurchgegangen zu sein (§ 93). Daher der warnende Zuruf an das fähigere Individuum, welches aus Ungeduld sein Elementarbuch verlassen möchte (§ 68). Ja aus demselben Grunde behält in der beginnenden Zeit des neuen ewigen Evangeliums aus demselben Grunde auch das Judenthum und selbst das erste Stadium der sittlich-religiösen Entwicklung seine pädagogische Bedeutung und Gültigkeit. Vgl. was Lessing über die zweite Stufe der Erziehung durch Offenbarung § 23 sagt: Moses war nicht blos an das damalige Israelitische Volk gesandt, sondern seine Sendung galt auch der Bestimmung des zukünftigen. So werden gegen das Ende des Aufsatzes (§ 93) die bezeichneten Erziehungsstufen fast ganz von dem Historischen gelöst, bewahren aber ihre allgemeine erziehliche Bedeutung. Keine dieser Stufen darf übersprungen oder voreilig beschleunigt werden, wie jene Schwärmer möchten, welche ihre Zeitgenossen, die noch kaum der Kindheit entwachsen waren, ohne Aufklärung, ohne Vorbereitung, mit Eins zu Männern machen zu können glaubten (§ 89); diesen

Schwärmern ist Lessing deßhalb nicht günstig gestimmt. Während diese die Vollendungszeit für nahe bevorstehend hielten, sah er diese Zeit erst in weiter Ferne. In anderer Hinsicht stimmt er ihnen dagegen bei, nämlich in ihrer Lehre von dem **dreifachen Alter der Welt:** „Es bleibt auch bei ihnen immer die nämliche Oekonomie des nämlichen Gottes. Immer — sie meine Sprache sprechen zu lassen — der nämliche Plan der **allgemeinen Erziehung des Menschengeschlechts**" (§ 88).

5. In dem Vorhergehenden (vgl. 3. S. 68.) wurde die höchste Stufe des sittlichen Lebens vorzugsweise nach ihrer theoretischen Seite betrachtet; die praktische Seite, in welcher die theoretische sich bekundet, ist zwar eingangs schon im Allgemeinen charakterisirt (VI S. 67), muß aber jetzt näher ins Auge gefaßt werden. Auf dieser höchsten Stufe ist der Mensch frei von aller Eigennützigkeit des Beweggrundes; gleichwohl bleibt sein sittliches Leben, wenn wir näher zusehen, noch in einem gewissen Gegensatze des Guten und des Bösen befangen (vgl. § 85); Lessing sagt dieß freilich hier nicht ausdrücklich, aber es folgt nothwendig aus der Beschaffenheit des **Urzustandes**, wie er ihn sich denkt (III. 3. S. 28). — An einem anderen Orte erkennt er die Consequenzen seiner Ansicht selbst an, nämlich in der Abhandlung *) über „**Leibnitz von den ewigen Strafen**"; die „große Wahrheit — sagt er — in deren Rücksicht Leibnitz der gemeinen Lehre von der ewigen Verdammniß das Wort zu reden zuträglich fand", ist bie, daß **Nichts in der Welt ohne Folge, Nichts ohne ewige Folgen ist.** Dies gilt auch von der Sünde. Wenn daher die Folgen der Sünden, die auf der Anfangsstufe unvermeidlich (7 u. 9 § 74), uns beständig begleiten, und diese Folgen die **Strafen** der Sünde sind, so kann das Resultat unserer Mühen für die höchste Stufe kein anderes sein, als jene **Mischung des Guten und des Bösen**. Nun nimmt Lessing für die Erziehung des Menschengeschlechts allerdings eine Erlösung, eine Genugthuung durch den Sohn Gottes (§ 75) an; allein diese Genugthuung kann, weil er sie nur in ideellem Sinne faßt, nicht von dem **sittlichen Zwiespalte wirklich befreien** (V. 8. c. S. 65), — obgleich selbst ohne eine solche Erlösung die sittliche Vollkommenheit, das Ziel der Erziehung, wie Lessing sie sich vorstellt, nicht würde erreicht werden

---

*) Gelzer a. a. O. I. S. 295.

können. — Worauf beruht es nun, daß Lessing, obgleich es mit seiner Annahme, daß wir am Ziel der Erziehung eine von allem Unlauteren gereinigte Sittlichkeit erreichen sollen (§ 85. 88), nicht in bestem Einklange steht, dennoch mit jener Mischung des Guten und des Bösen sich beruhigt? Vgl. hierzu die berühmte Stelle in einer seiner theologischen Streitschriften, in welcher er von sich selbst bekennt: „Wenn Gott in seiner Rechten alle Wahrheit und in seiner Linken den einzigen immer regen Trieb nach Wahrheit, obschon mit dem Zusatze mich immer und ewig zu irren, verschlossen hielte und spräche zu mir: wähle! ich fiele ihm mit Demuth in seine Linke und sagte: Vater gib! Die reine Wahrheit ist ja doch nur für dich allein" (H. Ritter a. a. O. S. 64). Der Mensch soll also die reine Wahrheit nicht erkennen; diese Unfähigkeit ist für Lessing unabtrennbar von dem Begriffe des Menschen. Von hieraus erklärt sich auch einigermaßen, warum er es dahin gestellt sein lassen will, „wer die Person dieses Christus gewesen" (§ 59).

6. Das Christenthum der Vernunft und das Christenthum der heiligen Schrift.

a. Das Christenthum der Vernunft will keineswegs über das Christenthum hinausgehen, aber es erstrebt eine höhere innere Entwicklung desselben durch Ausbildung der ihm geoffenbarten Wahrheiten zu Vernunftwahrheiten; Lessing nimmt also in diesem Vernunftchristenthum doch, wie es scheint, eine objective Perfectibilität des Christenthums an. — Das Christenthum der heiligen Schrift verkündigt die Eine Heilsthatsache, welche an sich perfect ist, und fordert, daß auf diesem Einen Grunde, außer dem kein anderer gelegt werden kann, die Lehre aufgebaut werde mit möglichster Vermeidung willkürlicher Zusätze; hieraus erhellt, daß nach der heiligen Schrift das Christenthum über alle objective Perfectibilität erhaben ist, und daß eben deßhalb nur von einer subjectiven Perfectibilität des Christenthums die Rede sein könne (Hahn, Lehrb. d. christl. Glaubens S. 62. 63. Dorner in Herzogs R. E. XVI. 3. Dazu f. oben II. 3. S. 23).

b. Das Christenthum der Vernunft läßt auch auf der höchsten Stufe, wie nachgewiesen worden ist, den Menschen noch in einem gewissen Gegensatze des Guten und des Bösen, und bietet ihm in der ideell gedeuteten Lehre von der Genugthuung des Sohnes nur ein Ermunterungsmittel zum sittlichen Weiterstreben nach dem vorgesteckten Ziele hin. — Das Christenthum der heiligen Schrift aber verheißt denen, welche durch Buße und Glauben in das Reich Gottes eingehen, Vergebung der Sünden und in dem von dem Principe der Sünde befreiten Leben inneren Frieden, fordert aber zugleich, daß sie in dem Stande der Heiligung sich als neue Menschen bethätigen durch rastlosen Kampf gegen die im Centrum des Herzens zwar gebrochene, aber aus dem alten Menschen her in der Peripherie des neuen Lebens sich noch immer regende Sünde (V. 7. c. S. 65. Wuttke a. a. O. II. S. 213 u. f. Vilmar, Theol. Moral II. S. 59. 87).

c. Lessing behauptet zwar, wie wir so eben gesehen haben, daß der Mensch die reine Wahrheit nicht erkennen könne, und folglich auch der vollkommenen Sittlichkeit unfähig sei; aber er eröffnet doch — dies müssen wir seinen Worten zufügen, um seine Gedanken möglichst in seinem Sinn zu fassen — denen, welche in jenem Streben unermüdlich beharren und den Trieb nach Wahrheit stets in sich rege erhalten, auch die Aussicht, daß ein redliches Forschen und Arbeiten nicht ohne Erfolg bleiben könne, und der Wahrheit immer näher bringe, wenn auch das Irren ewig nie ganz aufhöret. — Das Christenthum der heiligen Schrift lehrt allerdings, daß auch die Erlösten die Wahrheit gegenwärtig noch nur stückweise erkennen, und oft fehlen; aber es richtet die, welche in dem bezeichneten Kampfe treu sind, trotz der zeitweilig erfahrenen Niederlagen, durch die Hoffnung auf, daß die wahrhaft Wiedergeborenen in der erkannten und gläubig angeeigneten Heilsthatsache die Grundwahrheit ergriffen haben, welche in die ganze Wahrheit führe, und befähige, immer mehr und mehr von allen Irrthümern rein zu werden bis zum Ziele der Vollendung in der allgemeinen Palingenesis (H. Ritter a. a. O. S. 65. Harleß, Christl. Ethik, Aufl. 4. S. 85. Wuttke a. a. O. II. S. 250. Palmer in Herzogs Real-Enc. XVII. S. 479).

Worin der Unterschied dieser bezeichneten sittlichen Weltanschauungen seinen letzten Grund habe, davon später.

7. Uebergang. Lessing hält es für eine Lästerung der Vorsehung, daran zu zweifeln, daß das Ziel der Erziehung erreicht werde (§ 82. 92). Es wird das Ziel der Erziehung gewiß erreicht werden bei dem ganzen Geschlechte. Freilich ist der Gang der Erziehung ein langsamer, aber dabei müssen wir bedenken: „eben die Bahn, auf welcher das Geschlecht zu seiner Vollkommenheit ge-

langt, muß jeder einzelne Mensch (der früher, der später) erst durch= laufen haben" (§ 93), ehe er zur Vollkommenheit seiner Einsicht und seines sittlichen Lebens gelangen kann. Also kann Keiner zu solcher Einsicht und Sittlichkeit gelangen, ohne durch die Stufen der göttlichen Erziehung hindurchzugehen, mithin auch durch das Christenthum. — Aber wie? Sehen wir nicht so viele Menschen sterben, die wir für wahre, aufrichtige Christen nicht halten können? Um der daraus entstehenden Schwierigkeit zu begegnen, stellt Lessing die Hypothese von der Seelenwanderung auf (vgl. H. Ritter a. a. O. S. 60).

VII.
Die Hypothese von der Seelenwanderung.

Zunächst die Vorfrage, in welchem Sinne wir den Ausdruck „Hypothese" (§ 95) zu verstehen haben. Man hat gesagt, daß die Metempsychose in Lessings Systeme keine bloße Hypothese sei, obwohl er sie so nenne, wo er außer dem Zusammenhange und in populärer Weise (wie am Schlusse der Erziehung des Menschen= geschlechtes) davon zu sprechen komme; sondern sie bilde den Schluß= stein des Systems, da wo Physik und Ethik sich berühren; sie sei der speculative Hintergrund der Erziehung des Menschen= geschlechts (Guhrauer, Lessings Erz. d. M. G. S. 82. 89. 93). Dagegen ist von anderer Seite behauptet worden, daß, wenn auch Lessing sich mit dem Gedanken an eine Wiederkehr der Menschen in verschiedenen menschlichen Leibern auf dieser Erde sehr viel und leb= haft beschäftigte, dieser Gedanke ihm doch nur eine Hypothese, eine Annahme war (H. Ritter a. a. O. S. 61), nämlich zum Be= hufe der Lösung des Problems, von dem hier die Rede ist. Ich glaube, daß die letztere Meinung die richtige ist, weil sie mit der Denkweise Lessings übereinstimmt, nach welcher wir der Erkennt= niß der reinen Wahrheit nicht fähig sind; vgl. die oben S. 70 an= geführte Stelle. Wenn wir daher das Wort „Hypothese" so in seinem eigentlichen Sinne verstehen, so werden wir sagen müssen, er wolle durch den Gebrauch desselben hier andeuten, daß er von dem, was ihm zuverlässige Wahrheit sei, bestimmt das unterschieden wissen wollte, was er nur zur Lösung seines Problems annahm. — Versuchen wir nun Lessings Gedanken über die Seelen= wanderung zu prüfen im Lichte der heiligen Schrift und der Geschichte.

1. Für die Annahme der Hypothese hat ihn zuerst die Meinung bestimmt und gestimmt, daß ein Mensch in einem und demselben Leben nicht die verschiedenen Stufen der religiösen Erziehung durchlaufen könne (§ 93b.). Darin muß man ihm wohl beistimmen, daß in der erziehlichen Offenbarung eine gesetzliche Stufenfolge stattfinde (§ 5), und man muß demzufolge auch die Meinung als richtig anerkennen, daß für den Einzelnen wie für das Ganze die Gesetze der Entwicklung an und für sich dieselben sind (§ 93b) d. i. die Gesetze, nach welchen das Ersteigen einer höheren Stufe durch eine gehörige Vorbereitung bedingt wird. Aber darin ist seine Meinung gewiß irrig, daß sie eine äußere Wiederholung jener Stufenfolge für jeden Einzelnen als unbedingt nothwendig erachtet. Solche Meinung steht im Widerspruche sowohl mit der heiligen Schrift als mit den geschichtlichen Erfahrungen. Vgl. das oben über die Missionsthätigkeit der Apostel Gesagte (V 5. S. 58 u. f.); sie bereiteten zwar durch ihre Predigt die Heiden für die ihnen nahe gebrachte Erkenntniß der Heilswahrheit vor, aber sie forderten nicht, daß sie nun zuerst Juden, und dann Christen würden, sondern daß sie sofort Christen würden. — Und auch die spätere Missionsgeschichte bis auf den heutigen Tag liefert vielfach vollgültige Beweise für das in Rede Stehende. — Wie das zu erklären? „Die Empfänglichkeit für höhere Wahrheit ist auch im Menschen unmittelbar, ewig wesentlich da, und spricht in jedem Augenblicke an, wenn das höhere Licht im Gesichtskreise des endlichen Geistes dämmert und aufgeht, vorausgesetzt, daß sein geistiges Auge offen steht und dorthin sich richtet. Daher die richtige, grundwesentliche Forderung der vollständigen Wiedergeburt und Neugeburt des religiösen Menschen in und durch die erkannte, ihm ganz neue, höhere Wahrheit. Darin auch der Grund, daß der Einzelmensch, sowie die Stämme und Völker nicht nöthig haben, durch alle niedere und mangelhafte Arten und Stufen der religiösen Bildung hindurchzugehn, um zu jener ... höchsten, vollwesentlichen Art und Stufe der Religion zu gelangen, sondern daß ihnen unmittelbar, in Einem Uebergehen, das volle und ganze Licht gegeben werden kann ... Daher auch das Christenthum den ungebildeten Völkern ohne alles Hindurchgehen durch die niederen Stufen der Religionsbildung angetragen werden kann und soll, und Aufnahme findet und in wenigen Jahren die schönsten Früchte in diesen neugebauten Gärten Gottes bringt. Den schönsten geschichtlichen

Beweis hievon enthält das neue christliche Leben auf den Sand=
wich=Inseln". (Krause a. a. O. II. 2. S. 237. Vgl. Oster=
tag in Herzogs Real=Enc. IX. S. 631).

2. Für die Annahme der Hypothese spricht für Lessing sodann
ihre Denkbarkeit. „Warum könnte jeder einzelne Mensch auch nicht
mehr als einmal auf dieser Welt vorhanden gewesen sein?" (§ 94).
„Warum könnte auch Ich nicht hier bereits einmal alle die Schritte
zu meiner Vervollkommung gethan haben, welche bloß zeitliche
Strafen und Belohnungen den Menschen bringen können?" (§ 96).
„Und warum nicht ein andermal alle die, welche zu thun, uns die
Aussichten auf ewige Belohnungen so mächtig helfen?" (§ 97).
„Warum sollte ich nicht so oft wiederkehren, als ich neue Kennt=
nisse, neue Fertigkeiten zu erlangen geschickt bin? Bringe ich auf
Einmal so viel hinweg, daß es der Mühe, wiederzukommen, etwa
nicht lohne?" — Geben wir immerhin die Möglichkeit zu; die
Metempsychose ist, wenn sie der Vorstellung, daß die Menschenseelen
auch durch Thierleiber hindurchgehen könnten, völlig entsagt, an sich
nicht vernunftwidrig (Delitzsch, Bibl. Psychologie. Aufl. 1. S. 410).
Allein wenn die Mischung des Guten und Bösen unser stetiges Erb=
theil bleibt (VI. 5. S. 69), so wird auch die wiederholte Wiederkehr
auf diese Erde uns nicht dazu helfen, daß das von der Erziehung
geforderte Ziel (§ 80) abschließlich erreicht werde. Wie wir dagegen
nach dem Christenthume der heiligen Schrift das, was keine Metem=
psychose uns verschaffen kann, erlangen, nämlich Erlösung von dem
Principe des sittlichen Zwiespaltes und Zuversicht auf den end=
lichen Sieg über die Sünde auch in der Peripherie des neuen
Lebens, das s. oben VI 6 b. S. 70. — Doch hat man in Lessings
Hypothese, von ihrer zufälligen Form befreit, die Wahrheit finden
wollen, daß „Diesseits" und „Jenseits" Eine Welt sei, und in
beiden nur Eine Lebensentwicklung des Geistes (Imm. Herm. Fichte,
Psychologie. I. S. 123. 124); sollte das aber nicht mehr Einlegung
sein als Auslegung?

3. Für die Hypothese spricht ihm ferner ihr Alterthum.
„Ist diese Hypothese", sagt er, „darum so lächerlich, weil sie die
älteste ist? weil der menschliche Verstand, ehe ihn die Sophisterei
der Schule zerstreut und geschwächt hatte, sogleich darauf verfiel?"
(§ 95). Auch sonst legt er ein großes Gewicht auf das Alter=
thum einer Lehre; ihm galt eine Lehre nicht für um so wahr=
scheinlicher, je neuer sie ist, vielmehr die älteste schien ihm ein Vor=

urtheil ihrer Wahrheit für sich zu haben (H. Ritter a. a. O. S. 38). Darin hat er insofern Recht, als wol die älteste Ansicht oder Vorstellung vom Jenseits als Ausdruck des noch weniger irregeführten Bewußtseins des Menschen angesehen werden darf *). Aber darin irrt er, daß die Metempsychose die älteste Vorstellung der Völker vom Jenseits sei. Die älteste ist vielmehr die vom Hades; die Lehre von der Seelenwanderung hat sich erst aus der Hadesvorstellung bei den Indern, Aegyptern und Chaldäern entwickelt (Delitzsch a. a. O. S. 411. J. P. Lange, Positive Dogmatik S. 1258. Ueber die Vorstellung von einem Reiche der Todten oder dem Hades im Alten Testamente siehe oben IV. 4. S. 35 Anm. und dazu Oehler in Herzogs Real-Enc. XXI. S. 412 u. f.). Von den heidnischen Hadesvorstellungen unterscheiden die alttestamentlichen Anschauungen über das Jenseits sich vorzüglich durch die in dem reinen Monotheismus begründete keusche Nüchternheit und durch die aus dem Verheißungsglauben geschöpften Hoffnungen auf eine Errettung aus dem Todeszustande (Güber in Herzogs Real-Enc. V. S. 441). Ueber die Ueberwindung des Hades durch Christum vgl. oben V. 4. S. 57. — Was aber die Metempsychose betrifft, so ist dieselbe schriftwidrig, und zwar in allen ihren Gestalten (Delitzsch a. a. O. S. 410), also auch in der Gestalt, in welcher sie anzunehmen Lessing geneigt ist. Man bemerke, daß er auch hier die Seelenwanderung nur als eine denkbare Möglichkeit, nicht entschieden als seine wirkliche Meinung behauptet (H. Kurz, Handb. der deutsch. Prosa III. S. 310).

4. Für die Annahme der Hypothese scheint ihm kein Hinderniß der Umstand zu sein, daß wir uns eines früheren Lebens nicht bewußt sind; denn einmal würde die Erinnerung unserer vorigen Zustände uns nur einen schlechten Gebrauch des gegenwärtigen zu machen erlauben, und sodann ist, was wir jetzt nicht im Gedächtnisse haben, nicht auf ewig vergessen (§ 99). Er sieht also ein, daß eine Unsterblichkeit ohne Gedächtniß der Vergangenheit Nichts sein würde. Aber wie soll das jetzt Vergessene uns wieder zum Bewußtsein kommen? Etwa so, daß wir demnächst in Lagen versetzt werden, in welchen die Wiedererinnerung an das frühere Leben uns möglich wird? Oder so, daß wir von Andern die Geschichte unserer vorigen Zustände erfahren, wie jetzt von Eltern und Erziehern uns zu geeigneter Zeit das mitgetheilt wird, was wir von unserer Kind-

---

*) Dazu vgl. Imm. Herm. Fichte, Anthropologie, Aufl. 1. S. 328.

heit und Jugend her nicht in anschaulicher Erinnerung tragen, und was doch für unsere Entwicklung wichtig geworden ist? — Darüber läßt er sich nicht weiter aus; uns muß es genug sein, zu sehen, daß er, was seiner Hypothese hinderlich werden könnte, möglichst zu heben sucht. — Unser ist „die ganze Ewigkeit", so schließt er; was habe ich „verloren?" (§ 100). In seinem Sinne müssen wir antworten: Nichts, was uns gut ist; folglich werden wir, wann es uns gut ist, auch wohl unseres früheren Lebens wieder eingedenk werden (H. Ritter a. a. O. S. 62). — Nach dem Christenthume der heiligen Schrift folgen den Seelen der Abgeschiedenen ihre Werke nach, mithin auch ihre Gedanken und Erinnerungen (Martensen, Christl. Dogm. Aufl. 1. S. 514).

5. Für die Annahme der Hypothese ist und bleibt ihm aber immer der Hauptgrund der religiöse Gedanke, welcher schon oben VI. 6. S. 71 berührt wurde, daß unter Gottes Vorsehung alle Einzelnen zu der höchsten Stufe der Erziehung gelangen müssen (§ 82, dazu § 84). Anderwärts drückt er diesen Gedanken noch bestimmter und schärfer aus: „Wehe dem menschlichen Geschlechte, wenn in dieser Oekonomie des Heils auch nur eine einzige Seele verloren geht! An dem Verluste dieser einzigen müssen alle den bittersten Antheil nehmen, weil jede von allen diese einzige hätte sein können. Und welche Seligkeit ist so überschwänglich, die ein solcher Antheil nicht vergällen könnte!" — Aber „eine so unverschuldete Niederlage der Menschen, ein von Gott selbst der Hölle so in die Hände gespielter Sieg ist ein elendes Hirngespinnst." Warum denn Hirngespinnst? warum kann nicht eine einzige Seele verloren gehen? — Weil das Unheil wie das Heil einer jeden von Gottes Rathschlusse abhängt. Es ist das allgemeine Gesetz, welches uns leitet, die unfehlbare Erziehung Gottes, von welcher Alles abhängt, — diese allmächtigen Mittel lassen keine Seele verloren gehen. Die Wege Gottes sind freilich verschlungen; darin liegt auch die Möglichkeit des Bösen, die Abweichung vom Sittengesetze, welche ihre nothwendigen Strafen haben muß; aber ein höheres Gesetz beherrscht das Ganze; wenn wir jenem nicht folgen, werden wir doch diesem uns nicht entziehen können, denn es gestattet keine Willkür der Freiheit, welche der ewigen Heilsökonomie zuwider sein könnte (Gelzer, Deutsche National-Literatur. I. Aufl. 2. S. 296. Anm. H. Ritter a. a. O. S. 56. 60). Dann liegt in Lessings Gedanken aber etwas Deter-

ministisches. Nach der heiligen Schrift will Gott, daß allen Menschen geholfen werde, und sie zur Erkenntniß der Wahrheit kommen; da aber die ganze Erlösung nicht in einer gewaltsamen Einwirkung besteht, nicht in einem Naturprocesse, sondern zugleich durch freie Einwilligung bedingt ist, so kann die Errettung jeder einzelnen Seele, die allgemeine Bekehrung nicht als positive Lehre ausgesprochen werden, sondern sie bleibt Ahnung und Hoffnung, und gewiß ist nur dies, daß das Böse so sehr wird überwunden und in seiner Nichtigkeit dargestellt werden, daß es dem Reiche Gottes nicht mehr hinderlich werden könne (Stirm, Apologie des Christenthums. Aufl. 1. S. 168. 169).

6. Die der vorliegenden Schrift angeschlossenen und in dem Vorstehenden besprochenen Sätze über die Seelenwanderung erhalten eine naturphilosophische Grundlage durch das Bruchstück aus Lessings Nachlasse: „Daß mehr als fünf Sinne für den Menschen sein können" (Gelzer a. a. O. I. 294). — Auch hat man gesagt, er scheine angenommen zu haben, die Seele könne ohne Körper in dieser Welt nicht sein, und daß er ein Gesetz vorausgesetzt habe, welches das menschliche Leben mit seiner bestimmten leiblichen Gestalt und die Stufen seiner religiösen Erziehung an die Geschichte der Erde binde (H. Ritter a. a. O. S. 60. 61). — Wenn dies wirklich Lessings Ansicht ist, so müssen wir mit derselben seine Vermuthungen über die Möglichkeit einer Vermehrung der Sinne*) so in Verbindung gesetzt denken, daß er für das in der Erziehung begriffene Individuum die Aussicht eröffne, nach vollendeter speculativer und moralischer Erziehung durch Wiedergeburt und Seelenwanderung in eine höhere Gattung moralischer Wesen, in eine neue Sphäre organischer Geschöpfe mit vermehrten und verfeinerten Sinnen zu gelangen (Guhrauer, Lessings Erz. b. M. G. S. 108). — Die heilige Schrift erkennt einerseits den hohen Werth der wissenschaftlichen Bildung entschieden an; andererseits aber stellt sie die wahre Heilserkenntniß des schlichten christlichen Gemüths höher als die bloße Verstandeserkenntniß und die Weisheit der Welt (Wuttke, Handb. b. christl. Sittenlehre. II. S. 333. Aufl. 1). Hiernach dürfen wir über solche Speculationen wie die Lessings nicht ohne weiteres absprechen; vielmehr sollen wir dieselben gewissenhaft

---

*) Um dadurch auch immer weitere Einsichten in den Weltbau gewinnen zu können (H. Ritter a. a. O. S. 61. Gelzer a. a. O. S. 295 Anm.)

prüfen (1 Thess. 5, 21) und demzufolge auch verwenden. Darauf jedoch gehen wir hier nicht näher ein; für unseren Zweck genügt es, daran zu erinnern, daß die einzige in der Schrift gelehrte Metempsychose die Auferstehung ist (Delitzsch a. a. O. S. 411). Also auch bei dieser Prüfung finden wir bedeutende Unterschiede in der sittlichen Weltanschauung, wie oben VI 6. c. bei der versuchten Parallele.

7. Fragen wir nun, worin die nachgewiesenen Differenzen ihren letzten Grund haben, so werden wir denselben in Lessings Gottesbegriffe suchen müssen. Versuchen wir diesen aufzufinden.

a) Nach der „Erziehung des Menschengeschlechts" ist Gott die transcendentale Einheit (§ 14), welche eine Art von Wahrheit nicht ausschließt (§ 73), der seiner selbst vollkommen bewußte freie Geist, der in sich selbst absolut Vollkommene, der in der Welt und insbesondere in der Erziehung des Menschengeschlechts Endziele hat und für deren Erreichung durch seine ewige Vorsehung wirkt (§ 82. 92), also, wie man zu sagen pflegt, „ein Gott der Vorsehung." Aber welches ist das Verhältniß der Geschöpfe, vornehmlich der vernünftigen Wesen zu Gott? Darüber erhalten wir einigen Aufschluß in dem Fragmente „Das Christenthum der Vernunft" (Guhrauer a. a. O. S. 69—73). Hier heißt es: „Gott dachte seine Vollkommenheit zertheilt, das ist, er schaffte Wesen, von denen jedes etwas von seinen Vollkommenheiten hat; denn . . . jeder Gedanke ist bei Gott eine Schöpfung" (§ 13). „Alle diese Wesen zusammen heißen die Welt" (§ 14); es sind „gleichsam eingeschränkte Götter" (§ 22). Was folgt daraus für unsere Frage? Zunächst a) daß die Welt zu einem wirklichen (relativ) selbständigen Für sich selbst in Selbstbestimmung nicht gelangt*); denn dazu würde gehören, daß die Welt nicht bloß von Gott gedacht wäre, sondern auch eine von Gott unterschiedne sich selbst setzende Causalität empfangen hätte; und sodann b) daß, wenn der Welt überhaupt die besagte Selbständigkeit fehlt, die vernünftigen Geschöpfe die volle Freiheit entbehren, und mithin ohne Verantwortlichkeit sind für ihr Thun und Lassen; denn wovon ich nicht in voller Freiheit der Urheber bin, dafür darf ich auch die Verantwortlichkeit ablehnen. — Nach dem Christenthume der heiligen Schrift und der Kirche ist a) Gott Schöpfer und Herr der Welt; und b) die Welt gut ge-

---

*) Dorner a. a. O. S 722.

schaffen und hat ihr Endziel im Reiche Gottes; c) das gottebenbildliche Geschöpf, also auch der Mensch, hat das reale Vermögen, in der ursprünglichen Gemeinschaft, zu welcher es geschaffen ist, in Irrthumslosigkeit und Unschuld zu bleiben und sich so weit zu entwickeln, aber auch d) die von der creatürlichen Freiheit unabtrennbare Möglichkeit, die Wahlfreiheit in Willkür zu verkehren d. i. zu sündigen.

b) Nach dem Vorberichte zu der Erziehung des Menschengeschlechts (Ausg. 1825 S. 214.) ist die Welt die beste Welt; wenn wir fragen, warum, so müssen wir in Lessings Sinne sagen: weil Gott, der unfehlbare Erzieher, die Gesetze festsetzt und nach denselben Alles zu dem Ziele der Erziehung, zum Besten wendet (§ 82. 92). Wenn aber nach dem Christenthume der Vernunft alle Geschöpfe nur „eingeschränkte Götter" sind (§ 22), so folgt, daß die Menschen die reine Wahrheit nicht erkennen (VI. 5. S. 69) und die vollkommene Sittlichkeit nie erreichen können, sondern immer nur eine Approximation an das absolut Gute, — daß aber das auf allen Stufen erreichte Gute von jenem (dem Bösen) nicht specifisch verschieden, bloß ein minder Gutes ist, — daß wir also auch auf der höchsten Stufe mit einer Mischung des Guten und Bösen uns begnügen müssen (VI. 5. S. 69). Daß das Erziehungsziel an dem ganzen Geschlechte erreicht werde, wenn auch erst in sehr weiter Ferne, davon ist Lessing fest überzeugt (VI. 4. S. 68); aber bei allem Vertrauen auf die Vorsehung meint er doch, daß jenes Ziel an vielen Einzelnen nicht als erreichbar zu denken sei, wenn man nicht die Hypothese von der Seelenwanderung zu Hülfe nehme (VI. 7. S. 71). — Nach dem Christenthume der heiligen Schrift und der Kirche ist die Welt, seit durch den Mißbrauch der creatürlichen Freiheit die Sünde eingetreten ist, freilich ein Schauplatz des Uebels, soweit die Sünde herrscht, aber — um mit Lessing zu reden — dadurch die beste Welt, daß durch die mit jenem Eintritte des — von dem Guten qualitativ verschiedenen — Bösen zugleich wirksam gewordnen Heilsökonomie die objectiven Bedingungen hergestellt sind und fortgeführt werden, unter welchen die durch ihre eigene Schuld in die Sünde gefallenen Geschöpfe mittelst subjectiver Aneignung der Gnade von dem sittlichen Zwiespalte und dessen Folgen erlöst und befreit werden können im Reiche Gottes, bis zur Apokatastasis, wie wir hoffen.

So bestätigt sich denn auch hier bei Lessing, daß die Vorstellung oder der **Begriff**, welchen ein Individuum oder ein Volk von Gott hat, auf seine Denkweise einen tiefgehenden Einfluß ausübt, auf die Anschauung von der Welt überhaupt und der Menschenwelt insbesondere, auf die Vorstellung von dem Zwecke des Menschenlebens und von der ihm gestellten Aufgabe, von dem Gegensatze des Guten und des Bösen, von der Freiheit des Willens und ihrer Abhängigkeit (Ph. Fischer, Metaphysik. S. XIV. Dennhardt, Beiträge zur religiösen Erkenntniß. S. 10. 12. 20).

8. Obgleich es nun hiernach unmöglich war, daß Lessing die Aufgabe, welche er in der Erziehung des Menschengeschlechts sich gestellt hatte (s. oben I. 4. S. 20), sachgemäß löste, so müssen wir dessen ungeachtet sagen, daß er den ernstlichen Willen hatte, den Zusammenhang mit der christlichen Kirche festzuhalten, und auch glaubte, mit seinen Speculationen den Sinn der Schrift- und Kirchenlehre zu treffen (H. Ritter a. a. O. S. 62). Solches Vertrauen verdient ohne Zweifel Lessings Wahrheitsliebe; dadurch wird aber Nichts von dem geändert, was soeben über das nothwendige Mißlingen seiner Aufgabe gesagt ist. Das Resultat unserer Prüfung bleibt also ein negatives; doch dürfen wir bei einem bloß negativen Resultate auch hier nicht stehen bleiben, wie oben V. 7. S. 66. Wenn wir nun auch nicht abermals die aus anderen Schriften Lessings von Twesten gesammelten und oben II. 3. S. 23 angeführten Stellen berücksichtigen, aus denen eine höhere Ansicht von dem Christenthume hervorgeht, und uns allein an die gegenwärtige Schrift halten, wie das dem Zwecke dieser Abhandlung entspricht, so müssen wir für unseren Zweck doch folgende Punkte hervorheben, welche Wahrheitsmomente enthalten:

a) Daß Gott nach Lessing der **Erzieher** des Menschengeschlechts ist und zwar zu höchst in einer **geschichtlichen** Offenbarung, welche in einem gewissen Stufengange sich vollzieht und in Christo zum Abschlusse kommt.

b) Daß Lessing das **Christenthum** als das vorläufige **Ziel** der Erziehung gesetzt findet, und daß er das Christenthum zugleich als **Mittel** zu dem schließlichen Ziele hin annimmt.

c) Daß er in die Heilsökonomie **alle Einzelne** aufgenommen denkt und demnach alle Einzelne auch als Gegenstände der göttlichen **Gnade** betrachtet wissen will.

Druck von W. Hartmann in Leipzig-Reudnitz.